高等职业院校重点建设专业校企合作教材

Qiche Diankong Fadongji Guzhang Zhenduan yu Jianxiu
汽车电控发动机故障诊断与检修

主　编　杨意品
副主编　巩建强　苟春梅
主　审　曹兴举　侯晓民

人民交通出版社股份有限公司
China Communications Press Co.,Ltd.

内 容 提 要

本书为高等职业院校重点建设专业校企合作教材。其主要内容有：汽车发动机电控技术概述、汽油机电控系统常见故障诊断与检修、电控燃油喷射系统的元器件构造原理和检修、汽油机电控点火系统、怠速控制系统的组成及元器件检修、进气控制系统的组成及元器件检修、增压控制系统的组成及元器件检修、排放控制系统的组成及元器件检修等。全书图文并茂、层次清晰、易学易懂、维修操作规范、可操作性强，在内容的选择上体现先进的技术和工艺，是一本规范化、实用化的职业教育教材。

本书适合作为汽车检测与维修、汽车运用技术、汽车电子技术等汽车类专业的教材，也可作为汽车维修技术人员职业技能培训（汽车维修工中级、汽车维修工高级）的培训教材。

图书在版编目（CIP）数据

汽车电控发动机故障诊断与检修／杨意品主编．—北京：人民交通出版社股份有限公司，2017.8
高等职业院校重点建设专业校企合作教材
ISBN 978-7-114-14051-8

Ⅰ.①汽⋯ Ⅱ.①杨⋯ Ⅲ.①汽车—电子控制—发动机—故障诊断—高等职业教育—教材 ②汽车—电子控制—发动机—故障修复—高等职业教育—教材 Ⅳ.①U472.43

中国版本图书馆 CIP 数据核字(2017)第 183566 号

高等职业院校重点建设专业校企合作教材
书　　名：汽车电控发动机故障诊断与检修
著 作 者：杨意品
责任编辑：司昌静　扈二军
出版发行：人民交通出版社股份有限公司
地　　址：(100011)北京市朝阳区安定门外外馆斜街 3 号
网　　址：http://www.ccpress.com.cn
销售电话：(010)59757973
总 经 销：人民交通出版社股份有限公司发行部
经　　销：各地新华书店
印　　刷：北京虎彩文化传播有限公司
开　　本：787×1092　1/16
印　　张：6.25
字　　数：143 千
版　　次：2017 年 8 月　第 1 版
印　　次：2019 年 1 月　第 2 次印刷
书　　号：ISBN 978-7-114-14051-8
定　　价：25.00 元

(有印刷、装订质量问题的图书由本公司负责调换)

前言
FOREWORD

随着汽车电子技术的日趋完善,汽车电子化技术已经极为先进,尤其是作为汽车"心脏"的发动机技术发展更加迅速。为了提高学生的职业素养和实践能力,本着以培养技术技能型人才为目标的教育理念,我们组织编写了《汽车电控发动机故障诊断与检修》,力求提高学生的理论知识水平、实践技能水平和分析与解决问题的能力,培养学生良好的职业素养和综合素质。

本教材以常见车型为主,通过配用大量图片,详细地介绍了电控发动机的结构组成、元器件工作原理及常见故障诊断与检修,较好地贯彻了素质教育的思想,力求体现全新的教育理念,从覆盖职业岗位群的知识和技能要求出发,结合"培养学生主动学习"的要求,组织教学内容。本教材与传统教材的区别在于理论与实践并重,注重将理论知识与实践技能相融合,培养学生运用理论知识解决实际问题的能力,使学生在学习过程中解决常见故障时,达到"不仅对故障知其然、更要知其所以然"的目标,便于学生总结经验,达到举一反三的学习目的,培养学生自主学习能力。

本书由新疆交通职业技术学院的杨意品担任主编,巩建强、苟春梅担任副主编。参与编写的还有张玺、董静。编写过程中曹兴举、侯晓民对教材结构和内容提出了较好的建议,并担任主审,在此表示感谢。

由于编者水平和经验有限,书中难免有错误和不妥之处,敬请广大读者批评指正。

作　者
2017 年 5 月

目 录
CONTENTS

项目一　汽车发动机电控技术概述 ·· 1
　　任务1　了解发动机电控技术的发展 ·· 1
　　任务2　了解电子控制系统在发动机上的应用 ································ 1
　　任务3　掌握发动机控制系统的基本组成 ···································· 3

项目二　汽油机电控系统常见故障诊断与检修 ·································· 5
　　任务1　掌握汽油发动机电控系统使用及检修注意事项 ························ 5
　　任务2　掌握故障诊断与检修常用工具的使用 ································ 5
　　任务3　掌握电控发动机诊断的一般流程 ···································· 9
　　任务4　熟悉电控发动机诊断过程中的注意事项 ····························· 11

项目三　汽油机电控燃油喷射系统 ·· 14
　　任务1　掌握电控燃油喷射系统的类型 ····································· 14
　　任务2　了解电控燃油喷射系统的功能 ····································· 17
　　任务3　掌握电控燃油喷射系统的组成与基本原理 ··························· 21
　　任务4　掌握空气供给系统主要元件的构造原理与检修方法 ··················· 22
　　任务5　掌握燃油供给系统主要元件的构造原理与检修方法 ··················· 26
　　任务6　掌握控制系统主要元件的构造原理与检修方法 ······················· 37

项目四　汽油机电控点火系统 ·· 58
　　任务1　了解电控点火系统的功能 ··· 58
　　任务2　掌握点火系统的组成与工作原理 ··································· 60

项目五　汽油机辅助控制系统 ·· 66
　　任务1　掌握怠速控制系统的组成及元器件检修 ····························· 66
　　任务2　掌握进气控制系统的组成及元器件检修 ····························· 75
　　任务3　掌握增压控制系统的组成及元器件检修 ····························· 78
　　任务4　掌握排放控制系统的组成及元器件检修 ····························· 80

附表　电控发动机故障诊断作业记录表 ······································ 88

参考文献 ·· 91

项目一 汽车发动机电控技术概述

任务1 了解发动机电控技术的发展

一、发动机电控技术的发展

汽车电子技术发展始于20世纪60年代,分为三个阶段。

第一阶段:从20世纪60年代中期到70年代中期,主要是为了改善部分性能而对汽车产品进行的技术改造,如在车上安装了晶体管收音机。

第二阶段:从20世纪70年代末期到90年代中期,为解决安全、污染和节能三大问题,研制出电控汽油喷射系统、电子控制防滑制动装置和电控点火系统。

第三阶段:20世纪90年代中期以后,电子技术广泛应用在汽车底盘、车身和车用柴油发动机多个领域。

目前,汽车发动机上常用的电控系统有:电控燃油喷射系统、电控点火系统、怠速控制系统、排放控制系统、增压控制系统、警告提示系统、自我诊断与报警系统、失效保护系统和应急备用系统。

二、电控燃油喷射系统的优点

(1)给发动机提供各种工况下最合适的混合气浓度,使发动机在各种工况条件下保持最佳的动力性、经济性和排放性能。

(2)电控燃油喷射系统配用排放物控制系统后,大大降低了碳氢化合物、一氧化碳和氮氧化合物3种有害气体的排放。

(3)增大了燃油的喷射压力,因此雾化性能比较好。

(4)汽车在不同地区行驶时,大气压力或外界环境温度变化引起空气密度的变化,电动机控制ECU能及时准确地做出补偿。

(5)汽车加减速行驶的过渡运转阶段,燃油控制系统能迅速地做出反应。

(6)具有减速断油功能和超速断油功能,既能降低排放,也能节省燃油。

(7)在进气系统中,由于没有像化油器那样的喉管部位,因此进气阻力小。

(8)发动机冷机起动容易,暖机性能提高。

任务2 了解电子控制系统在发动机上的应用

应用在发动机上的电子控制系统有电子燃油喷射系统、电控点火系统、怠速控制系统、排放控制系统、增压控制系统、巡航控制系统、警告系统及自诊断系统8种。

一、电子燃油喷射系统

主要根据进气量(由空气流量计或者进气压力传感器检测)确定基本的喷油量,再根据其他传感器(如冷却液温度传感器、节气门位置传感器)信号对喷油量进行修正,使发动机在各种运行工况下均能获得最佳浓度的混合气;同时还包括喷油正时控制、断油控制和燃油泵转速控制等。

二、电控点火系统

电控点火系统(ESA)的功能是点火提前角控制。根据各相关传感器信号,判断发动机的运行工况和运行条件,选择最理想的点火提前角点燃混合气,从而改善发动机的燃烧过程。

三、怠速控制系统

该系统主要是改变发动机的怠速转速,包括以下几种情况:发动机冷机起动时,发动机处于高怠速状态,此时发动机转速一般在1200r/min;当发动机的温度达到一定温度,发动机转速降至800r/min左右;怠速时开启空调,发动机转速有所提升;怠速时,转动转向盘,对于液压助力转向系统的车辆,发动机怠速转速有所提升。

四、排放控制系统

为了减轻排气污染,适应日益严格的废气排放法规及相关标准规范的要求,发动机中有一些装置是降低排气污染的,主要有二次空气喷射、废气再循环、三元催化装置等。

五、增压控制系统

通过增压控制系统对发动机进行增压控制,主要是提高发动机进气系统压力,进而提高发动机充气效率,提高发动机功率。一般包含废气涡轮增压控制,俗称"T动力"。

六、巡航控制系统

巡航控制系统俗称定速行驶系统(CCS),可以在驾驶员不踩加速踏板的状态下,保持车辆按照一定的设定速度行驶,从而降低驾驶员的疲劳强度。

七、警告系统

当发动机电控系统出现故障后,警告系统能够以点亮故障指示灯或者声音提示,提醒驾驶员发动机电控系统出现故障。

八、自诊断系统

当发动机电控系统出现故障后,发动机电控单元能诊断故障,并将故障以故障代码的形式储存在电控单元中。维修技术人员可以利用故障诊断仪器读取故障代码,从而判断故障原因。

任务3　掌握发动机控制系统的基本组成

一、电控系统的基本组成与类型

1. 组成

电控系统由信号输入装置、电子控制单元、执行元件三部分组成(图1-1)。

图1-1　电控系统组成

(1)信号输入装置:各种传感器采集控制系统的信号,并将各种信号转换成电信号输送给ECU。

(2)电子控制单元(ECU):给各传感器提供参考电压,接收传感器信号,进行存储、计算和分析处理后向执行元件发出指令。

(3)执行元件:由ECU控制,接收ECU的指令,执行某项控制功能的装置。

2. 类型

(1)开环控制。ECU根据传感器的信号对执行器进行控制,而控制的结果是否达到预期目标对其控制过程没有影响。

(2)闭环控制,也叫反馈控制。在开环的基础上,对控制结果进行检测,并反馈给ECU,从而对执行器进行修正调整,达到最佳的控制效果。

二、常用传感器的类型及功用

(1)空气流量计:测量发动机的进气量,将信号输入ECU(主信号)。

(2)进气绝对压力传感器:测量进气管内气体的绝对压力,将信号输入ECU(主信号)。

(3)节气门位置传感器:检测节气门的开度大小及开度快慢信号,输入ECU。

(4)凸轮轴位置传感器:提供曲轴转角基准位置信号(主信号)。

(5)曲轴位置传感器:检测曲轴转角位移,给ECU提供发动机转速信号和曲轴转角信号(主信号)。

(6)进气温度传感器:检测进气温度信号,输入ECU,对燃油量进行修正控制。

(7)冷却液温度传感器:检测发动机冷却液温度信号,输入ECU,对燃油量进行修正控制。

(8)车速传感器:检测汽车行驶速度。

(9)氧传感器:检测排气中的氧含量,信号输入ECU,对燃油量进行修正控制。

(10)爆震传感器:检测汽油机是否爆燃及爆燃强度,信号输入ECU,对发动机点火提前角进行修正控制。

(11)空调开关:当空调开关打开,空调压缩机工作,发动机负荷加大时,由空调开关向ECU输入信号。

(12)挡位开关:自动变速器由空挡挂入其他挡时,向ECU输入信号。

(13)起动开关:发动机起动时,给ECU提供起动信号。

(14)制动灯开关:制动时,向 ECU 提供制动信号。

(15)动力转向开关:当转向盘由中间位置向左右转动时,由于动力转向油泵工作而使发动机负荷加大,此时向 ECU 输入信号。

(16)巡航控制开关:当进入巡航控制状态时,向 ECU 输入巡航控制状态信号。

三、电子控制单元的基本功能

(1)给传感器提供电压,接受传感器和其他装置的输入信号,并转换成数字信号。
(2)储存该车型的特征参数和运算所需的有关数据信号。
(3)确定计算输出指令所需的程序,并根据输入信号和相关程序计算输出指令数值。
(4)将输入信号和输出指令信号与标准值进行比较,确定并存储故障信息。
(5)向执行元件输出指令,或根据指令输出自身已储存的信息。
(6)自我修正功能(学习功能)。

控制单元各主要元件连接关系如图 1-2 所示。

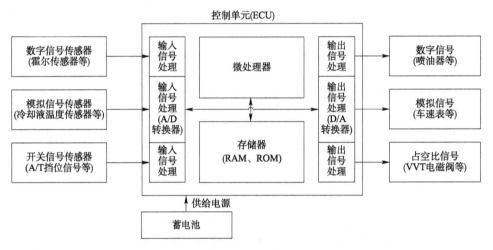

图 1-2 控制单元各主要元件连接关系

四、执行元件的类型

主要有以下执行元件:喷油器、点火控制器、怠速控制阀、巡航控制电磁阀、节气门控制电动机、EGR 阀、进气控制阀、二次空气喷射阀、活性炭罐电磁阀、燃油泵继电器、风扇继电器、空调压缩机继电器、自诊断显示与报警装置等。

项目二　汽油机电控系统常见故障诊断与检修

任务1　掌握汽油发动机电控系统使用及检修注意事项

一、使用注意事项

(1) 应了解电控系统主要元件所在位置,以避免在车辆维护中对主要元件造成损坏。

(2) 必须掌握仪表盘上各开关、显示灯、仪表等的作用、功能及含义,以保证在车辆使用过程中的安全。

(3) 加装电器设备应远离ECU防止干扰,或加装防干扰屏蔽设施。

(4) 在使用过程中,要保持线束连接器清洁、连接可靠,清洗发动机时,避免线束沾水。

(5) 更换蓄电池时,应注意操作的规范性。蓄电池的极性不得接反;禁止用外接电源起动发动机,以免因电压过高损坏电控系统元件。

(6) 使用无铅汽油,定期更换燃油滤清器。

(7) 定期清洁空气滤清器。

二、检修注意事项

(1) 接通点火开关时,不允许拆开任何电器装置的连接线路,以防止电器装置中的线圈自感作用产生的瞬时电压损坏ECU或电子元器件。

(2) 检修发动机时,应遵循由简单到复杂,由外到内的原则进行检修。

(3) 检修发动机故障时,一般先用解码器读取发动机故障代码和发动机动态数据流,然后再进行故障诊断。

(4) 注意检查线束连接器是否清洁、连线是否可靠。

(5) 对燃油系统进行维修前,应首先对燃油系统进行泄压,方法见"燃油系统"相关章节。

(6) 在维修中,注意各车型线束连接器的锁扣形式,按照规范进行操作。安装时要插接到位,并保证锁扣锁紧。

(7) 对电控系统电路或元件进行检查时,必须使用高阻抗数字万用表检查电压、电阻或电流。

任务2　掌握故障诊断与检修常用工具的使用

一、跨接线

跨接线是一种专用导线,不同形式的跨接线主要是长短和两端接头形式不同,如图2-1

所示。跨接线两端的接头一般为插头或鳄鱼夹,以适应不同位置的跨接。其中插头按照不同的车型需要,其宽度及厚度也不同。

跨接线主要用于电路故障诊断时,直接对某个端子供电或者将某两个端子短路(图2-2)。

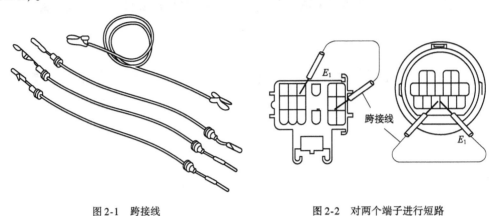

图 2-1　跨接线　　　　　　　　　图 2-2　对两个端子进行短路

二、测试灯

(一)功能

可以检测被测端子是否有电,检测被测端子的电流是交流电还是直流电,是稳定电压还是脉冲电压等。图 2-3 为 LED 试灯示意图。

(二)使用及检测方法

(1)将 LED 试灯的黑表笔接蓄电池负极或者车身搭铁点,红表笔接被测线路端子。

(2)如果该 LED 试灯常亮,不闪烁,说明被测端子有电(可能为稳定电压信号,也可能为高频交变电压信号)。

[注意]

此时电压值大小无法准确读出,电压变化情况也无法准确读出。

如果需要,可以借助示波器判断电压信号的特征。

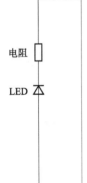

图 2-3　LED 试灯示意图

(3)如果该 LED 试灯出现规律的亮灭交替现象,说明该端子的电压为脉冲电压。

[注意]

此时只能说明被测端子有脉冲电压,但是脉冲的频率无法准确读出。同时脉冲电压的幅值无法准确读出。

如有需要,可以借助示波器判断电压信号的特征。

三、数字式万用表

数字式万用表主要用来测量电路中电阻、电压、电流等参数,以此判断电路的通断和电控元件的技术状况。

(一)数字式万用表

具有测量精度高、测量范围广、输入阻抗高、抗干扰能力强、容易读数等优点,在汽车故障诊断与检修中应用广泛,如图2-4所示。

1. 功能

可以检测电路中电阻、温度[(摄氏度℃)/(华氏度℉)]、频率(赫兹,Hz)、三极管放大倍数(hFE)、直流电压、交流电压、直流电流、交流电流等。

2. 使用方法

1)直流电压的检测

(1)将黑表笔插入COM插孔,红表笔插入V/Ω插孔。

(2)将功能开关置于直流电压挡最大量程位置,并将测试表笔连接到待测电源(测开路电压)或负载上(测负载电压降),红表笔所接端的极性将同时显示在显示器上。当读数前面显示有"—"符号时,表示红表笔接的是电源负极。当读数前面显示没有符号时,表示红表笔接的是电源正极。

图2-4 数字式万用表

(3)读取万用表显示数据,即为实际电压值大小。

[注意]

①为保证万用表不被损坏,应先将量程选择为最大量程,以保护仪器和操作者的安全。然后根据显示数据,调整合适量程进行读数,以保证读数的准确性。

②如果显示器只显示"1",表示过量程,应将功能开关置于更高量程。

③当测量高电压时,要注意避免触电。

2)交流电压的检测

(1)将黑表笔插入COM插孔,红表笔插入V/Ω插孔。

(2)将功能开关置于交流电压挡最大量程位置,并将测试表笔连接到待测电源(测开路电压)或负载上(测负载电压降)。

(3)读取万用表显示数据,即为实际电压值大小。

[注意]

①为保证万用表不被损坏,应先将量程选择为最大量程,以保护仪器和操作者的安全。然后根据显示数据,调整合适量程进行读数,以保证读数的准确性。

②如果显示器只显示"1",表示过量程,则应将功能开关置于更高量程。

③当测量高电压时,要注意避免触电。

④与直流电压挡检测不同,万用表显示数据没有符号。

3)直流电流的检测

(1)将黑表笔插入COM插孔,根据被测电路中电流大小选择不同的插孔。当测量最大电流小于200mA时,红表笔插入mA插孔;当测量最大电流小于20A时,红表笔插入A插孔。

(2)将功能开关置于直流电流挡,并将测试表笔串联接入到待测负载上,电流值显示的同时,将显示红表笔的极性。

[注意]

如果使用前不知道被测电流范围,应该将功能开关置于最大量程,然后根据显示数据,调整合适量程进行读数,以保证读数的准确性。

4)交流电流的检测

(1)将黑表笔插入 COM 插孔,根据被测电路中电流大小选择不同的插孔。当测量电流最大值 <200mA 时,红表笔插入 mA 插孔;当测量电流最大值 <20A 时,红表笔插入 20A 插孔。

(2)将功能开关置于交流电流挡,并将测试表笔串联接入到待测负载上,电流值显示的同时,将显示红表笔的极性。

[注意]

如果使用前不知道被测电流范围,应该将功能开关置于最大量程,然后根据显示数据,调整合适量程进行读数,以保证读数的准确性。

5)电阻的检测

(1)将黑表笔插入 COM 插孔,将红表笔插入 VΩ 插孔。

(2)把功能开关旋到"Ω"中所需的量程,用表笔接在电阻两端金属部位。

[注意]

①使用万用表"Ω"挡时,应首先将万用表的红表笔和黑表笔搭接,读取万用表显示的读数,以确定万用表是否正常。这是对万用表"Ω"挡功能的一个简单测试。

②如果被测电阻值超出所选择量程的最大值,或者没有连接好时,将显示过量程"1",应选择更高的量程或重新连接。

③进行电阻检测时,应断开被测电阻的所有电源及可能产电压的电容及电感等,否则可能会影响检测结果,情况严重的会损坏万用表。

④用万用表的"Ω"挡检测时,红表笔与黑表笔不分极性。

6)导线通断的检测

将黑表笔插入 COM 插孔,红表笔插入 V/Ω 插孔,功能开关旋到"·)))"位置,将红表笔和黑表笔搭接,蜂鸣器响,说明万用表该功能正常。然后将红表笔和黑表笔分别连接到待测线路的两端。如果两端之间电阻值低于 70Ω,内置蜂鸣器发声,表示导线为通路;如蜂鸣器不响,则该导线为断路。

(二)汽车万用表

汽车万用表除具有数字万用表的功能外,还具有一些汽车专用测试功能。除可用来测量电控元件和电路的电阻、电压、电流外,一般还能测量转速、频率、温度、电容、闭合角、占空比等项目,并具有自动断电、自动变换量程、数据锁定、波形显示等功能。

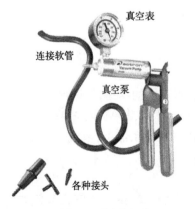

图 2-5 手动真空泵

四、手动真空泵

发动机电控系统中采用真空驱动的元件很多,在检测中,可以通过手动真空泵为元件提供真空源,模拟该元件在发动机工作时的工作状态。

手动真空泵一般带有显示真空度的真空表、各种连接软管和接头等附件,以适应对不同车型和不同真空驱动元件的检测,如图 2-5 所示。

[注意]

①检查前将各真空软管连接好,防止因真空泄漏而导致测量结果失准。

②检查时必须按规定对被检元件施加真空度,若施加真空度过大会损坏被测元件。

③检查完毕后,在拆开连接的真空软管前,应先施放真空度,否则将灰尘、湿气等吸入被检元件内,会造成不良后果。

五、示波器

(一)功能

可以检测某段时间内线路端子上的电压变化情况;用来检测汽车电子电路故障。目前有单通道示波器、双通道示波器、四通道示波器等,如图2-6所示。

(1)单通道示波器:屏幕上只能显示一个元器件的波形。

(2)双通道示波器:可以根据需要,显示1~2个元器件的波形。

(3)四通道示波器:可以根据需要,显示1~4个元器件的波形。一般用于同时检测多个相同元器件的波形,便于进行波形对比,易于诊断故障。

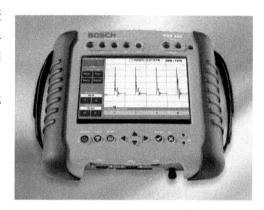

图2-6 示波器

(二)使用及检测方法

(1)将表笔正极接到线路端子上,表笔负极接到蓄电池负极或车身搭铁处。

(2)通过调整示波器的坐标显示,即可在示波器屏幕上显示该端子的电压变化情况波形图。通过波形图,可以知道电压变化的情况。

[注意]

①一般需要调整示波器横纵坐标,在屏幕上至少调整2个完整波形后,再对波形进行分析。

②一般对电压变化缓慢的情况,不采用示波器进行检测。

任务3 掌握电控发动机诊断的一般流程

(一)了解故障情况

对驾驶人员进行询问,由驾驶人员叙述发动机的故障现象和特征,维修人员应注意询问故障产生的细节。例如,发动机是在低温还是高温时容易出现该故障?发动机起动是否正常?是雨天容易出现还是一般情况下出现该故障等。针对驾驶人员反映的情况,结合自己的分析判断,确定故障可能产生的部位。

(二)故障再现

根据驾驶人员的反映,试车使故障再现,确定故障的具体现象和特点,进一步明确故障产生的原因。

[注意]

对可能引起车辆损坏或对驾驶人员有潜在危险的故障不能进行故障再现。

试车前,打开点火开关的同时,观察发动机仪表板的各个指示灯工作情况,同时听察燃油泵的工作情况。起动发动机后,继续观察仪表板各个指示灯工作情况。发动机起动30s后,仪表板各个指示灯应熄灭。

(三)诊断检测

利用解码器读取车辆故障码和数据流。

1. 解码器可以读取出故障码

故障代码产生的原则:ECU长时间没有接收到传感器信号线传送的数据;ECU接收到的数据超出规定的范围。以上情况ECU均记录该元件有故障,产生故障代码。

(1)故障代码能提供维修诊断的方向。故障代码对维修诊断思路和故障的确定有很大的作用,但是不能确定准确的故障部位。

以三线制节气门位置传感器故障代码产生原因进行如下分析(图2-7)。

①传感器电路中,传感器良好,线路良好,线路与传感器或ECU之间的接触不良导致ECU无法接收到传感器信号,引发故障,产生故障代码。

②传感器电路中,传感器良好,线路断路,导致ECU无法接收到传感器信号,引发故障,产生故障代码。

③传感器电路中,传感器自身损坏,导致ECU无法接收到传感器信号,引发故障,产生故障代码。

(2)维修人员根据故障代码,分析故障产生的原因,确定故障诊断方向和思路,然后利用万用表、LED试灯、示波器等检测仪器设备进一步确定故障的准确原因和部位,排除故障。

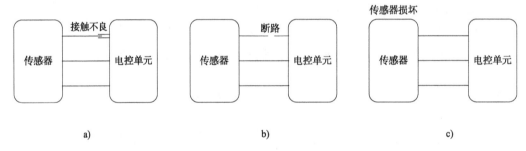

图2-7 产生故障代码的几种原因

2. 用解码器读取时无故障代码

1)控制系统有故障,但是ECU不产生故障代码

电控单元在控制发动机工作的过程中,它所接受的各种传感器信号是给定的一个范围,而电控单元的自诊断系统功能是判断这些传感器的信号是否超出这个范围,如果信号没有超过给定范围,但与实际情况有一定的偏差,这种不准确信号会使电控单元按照提供的不准确的信号控制发动机工作,从而造成发动机产生故障现象,这是控制系统产生故障的根本原因。这种情况自诊断系统不产生故障代码。

无故障代码时,应继续利用解码器读取发动机数据流,通过对静态数据流和动态数据流进行分析判断发动机控制系统有无故障。

静态数据流:打开点火开关,发动机不起动时的数据流。

动态数据流:发动机运转过程中的数据流,数据随着发动机工况的变化而不断变化。

对发动机数据流进行判断分析,判断有无异常数据,并重点对异常数据进行分析,诊断故障,确定故障部位。

2)无故障代码,数据流正常,说明控制系统正常

对于无故障代码,数据流正常,但发动机工作异常的情况,应该根据故障现象,对发动机点火系统、燃油供给系统、冷却系、润滑系及发动机机械系统进行诊断和分析,排除发动机故障。

任务4 熟悉电控发动机诊断过程中的注意事项

一、对车辆的要求

(1)蓄电池电压应符合规定标准,要求静态时不低于11V。
(2)发动机的机油、冷却液、转向助力液、制动液等应符合规定要求。

二、检测人员注意事项

(1)穿着干净整洁的工装(要求工装袖口扎紧,避免穿着有金属皮带扣的工装)。
(2)不允许佩戴金属饰物(例如手表、戒指等)。
(3)为避免在工作过程中重物掉落砸伤脚,要求穿着工作防护鞋。

三、举升机的使用注意事项

(1)举升机要定期维护。
(2)举升机支撑臂的支点位防护橡胶应完好,不得有损坏。
(3)举升车辆时,车辆支撑的位置应该符合要求(一般车辆设计都有,在车辆底部有明显标记),如图2-8所示。车辆的质量不能超过举升机的载荷范围。

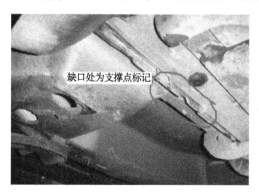
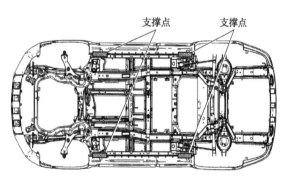

图2-8 车辆举升支撑点位置

(4)车辆要停放在举升机之间,支撑时各支撑臂能够平均受力。
(5)车辆举升时,车轮离开地面5~10mm,应停止举升,分别在车辆前部和后部轻轻晃动车辆,检查支撑是否安全可靠。如发现支撑不稳定,应及时将车辆放下,重新支撑和举升。

(6)车辆举升过程中,应随时注意观察,发现危险因素,及时停止。车辆举升到位置后,应根据不同的举升机特点,使举升机机械锁止装置工作后,方可进行车辆维护、修理工作。

(7)落车时,车底不允许有人或任何物品。

车辆举升前,应确定工作内容。如果需要拆卸发动机,会造成车辆重心后移,所以举升前应充分考虑重心变化而确定支撑位置。

四、检测过程注意事项

(1)检测场所应保证良好的通风和照明,如图2-9所示。

(2)做好防护,安装翼子板护布、前格栅护布、座椅套、转向盘护套、排挡杆护套和脚垫,如图2-10所示。

图2-9 汽车维修场地布局(参考)

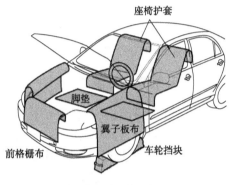

图2-10 车辆防护物品

(3)安装和拆卸解码器时,应关闭点火开关。

(4)不能轻易拆卸蓄电池。

电控系统的正常工作离不开电源,蓄电池是汽车的总电源,蓄电池及连接线的拆装操作正确与否,将会直接影响电控系统的工况。

①发动机维修后,须清除汽车ECU中的故障代码。部分车辆可以拆下蓄电池连接线30s以上,即可清除汽车ECU中的故障代码。

[注意]

有些汽车不能用此法来清除故障代码,拆卸蓄电池会同时清除收音机、石英钟等附属设施的内存(包括防盗码),可能造成防盗或导航系统锁死。

②汽车电控系统出现故障时,汽车ECU会记忆储存其对应的故障信息。如果在读取故障代码之前,拆卸了蓄电池或蓄电池连接线,会造成汽车ECU电源断路,储存其内的故障代码便会自动消失,对后续诊断工作造成困难。

③蓄电池断开后再装复,有时会出现发动机性能下降。ECU根据储存在只读存储器中的数据,结合系统实际工况,自动进行"学习修正"控制,从而使发动机实际工作状况与初始工况略有差异。断电后,电控单元ECU的"学习修正记忆"会消除,ECU控制发动机恢复初始工况,造成发动机性能下降。如出现此种情况,发动机运行一段时间后,ECU会重新进行学习并修正,发动机的不良工作状况会消除。

(5)跨接起动其他车辆或用其他车辆跨接起动本车时,需先断开点火开关。

安装跨接线时,注意蓄电池正负极性不能接错,否则极易使汽车 ECU 中的线路烧损,如图 2-11 所示。

图 2-11　蓄电池跨接

(6)故障检修排除完毕后,需清除发动机故障代码,并试车进行确定。

项目三 汽油机电控燃油喷射系统

任务1 掌握电控燃油喷射系统的类型

一、按喷射方式分类

同时喷射——将各汽缸的喷油器并联,所有喷油器由ECU的同一个指令控制,同时喷油,同时断油,如图3-1a)所示。

分组喷射——将各汽缸的喷油器分成几组,同一组喷油器同时喷油或断油。如图3-1b)所示。

顺序喷射——各喷油器由ECU分别控制,按发动机各汽缸的工作顺序喷油。如图3-1c)所示。

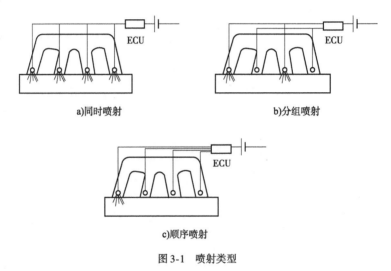

图3-1 喷射类型

二、按空气量的计量方式分类

1. D型电控燃油喷射系统

利用绝对压力传感器检测进气管内的绝对压力,ECU根据进气管内的绝对压力和发动机转速推算出发动机的进气量。再根据进气量和发动机转速确定基本喷油量,如图3-2所示。

2. L型电控燃油喷射系统

利用空气流量计直接测量发动机的进气量,ECU不必进行推算,可根据空气流量计信号计算与该空气量相应的喷油量,如图3-3所示。

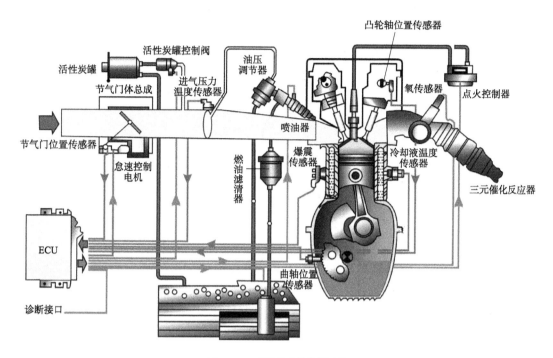

图 3-2 D 型燃油喷射控制系统

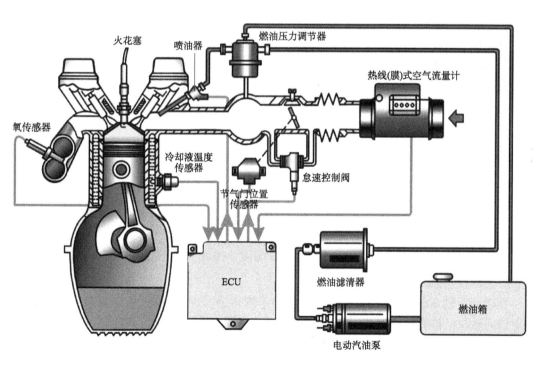

图 3-3 L 型燃油喷射控制系统

三、按喷射位置分类

1. 多点喷射系统

每缸进气门处装有一个燃油喷射装置(喷油器),由 ECU 控制喷射。其燃油分配均匀性好,应用广泛,如图 3-4 所示。

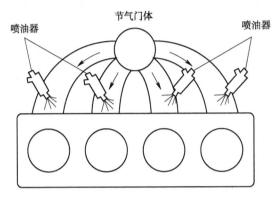

图 3-4　多点喷射系统

2. 单点喷射系统

在节气门上方装一个中央喷射装置,由 1～2 个喷油器集中喷油。由于其控制精度较差,目前基本上不被采用。

四、按有无信号分类

1. 开环控制系统(无氧传感器)

通过实验室确定的发动机各工况的最佳供油参数预先存入 ECU,在发动机工作时,ECU 根据系统中各传感器的输入信号,判断自身所处的运行工况,并计算出最佳喷油量。其精度直接依赖于所设定的基准数据和喷油器调整标定的精度。当使用工况超出预定范围时,不能实现最佳控制,其控制原理如图 3-5 所示。

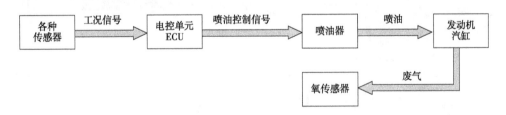

图 3-5　开环控制系统控制原理

2. 闭环控制系统(有氧传感器)

在闭环控制系统中,发动机排气管上加装了氧传感器,根据排气中含氧量的变化,判断实际进入汽缸的混合气空燃比,再通过 ECU 与设定的目标空燃比进行比较,并根据误差修正喷油量,空燃比控制精度较高。其控制原理如图 3-6 所示。

[注意]

采用闭环控制电控燃油喷射系统,在要求发动机对外输出大功率或发动机处于大负荷工作状态时,电控燃油喷射系统由闭环控制转变为开环控制,以保证发动机动力性能。

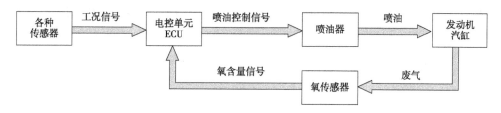

图 3-6 闭环控制系统控制原理

任务 2　了解电控燃油喷射系统的功能

一、喷油正时控制

喷油分为同步喷油和异步喷油。

同步是指发动机各缸工作循环,在既定的曲轴位置进行喷油,同步喷油有规律性。

异步喷油与发动机的工作不同步,无规律性,是在同步喷油的基础上,为改善发动机的性能额外增加的喷油。

1. 同步喷油正时控制

1）顺序喷射正时控制

特点:喷油器驱动回路数与汽缸数目相等。

ECU 根据凸轮轴位置传感器（G 信号）、曲轴位置传感器（Ne 信号）和发动机的做功顺序,确定各缸工作位置。当确定各缸活塞运行至排气行程上止点某一位置时,ECU 输出喷油控制信号,接通喷油器电磁线圈电路,该缸开始喷油,如图 3-7 所示。

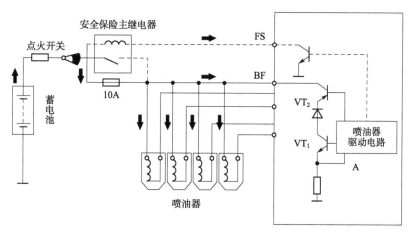

图 3-7　顺序喷射控制电路

2）分组喷射正时控制

特点:把所有喷油器分成 2~4 组,由 ECU 分组控制喷油器。

以各组最先进入做功的汽缸为基准,在该汽缸排气行程上止点前某一位置,ECU 输出指令信号,接通该组喷油器电磁线圈电路,该组喷油器开始喷油,如图 3-8 所示。

3）同时喷射正时控制

特点:所有各汽缸喷油器由 ECU 控制同时喷油和停油。

喷油正时控制是以发动机最先进入做功行程的缸为基准,在该缸排气行程上止点前某一位置,ECU输出指令信号,接通所有喷油器电磁线圈电路,喷油器同时喷油,如图3-9所示。

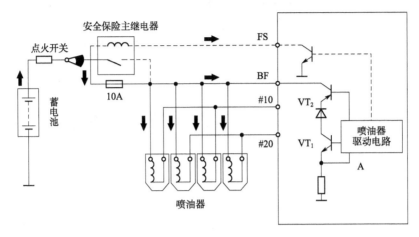

图3-8 分组喷射控制电路

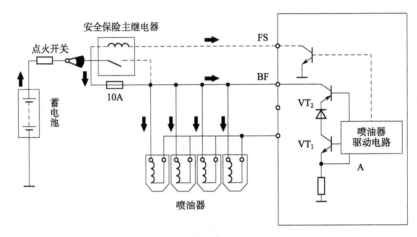

图3-9 同时喷射控制电路

2. 异步喷油正时控制

(1)起动时异步喷油正时控制:在同步喷油基础上,为改善发动机的起动性能,再增加一次异步喷油。

在起动开关处于接通状态时,ECU接收到第一个凸轮轴位置传感器信号(Ne信号)后,接收到第一个曲轴位置传感器信号(G信号)时,开始进行起动时的异步喷油。

(2)加速时异步喷油正时控制:为了改善加速性能,ECU根据节气门位置传感器中怠速信号从接通到断开时,增加一次固定量的喷油。

二、喷油量控制

喷油量控制的目的是使发动机在各种运行工况下,都能获得最佳的喷油量,以提高发动机的经济性和降低排放污染。

当喷油器的结构和喷油压差一定时,喷油量的多少取决于喷油时间。

1. 起动时的同步喷油量控制

在发动机转速低于规定值或点火开关接通位于STA(起动)挡时,喷油时间的确定如

图3-10所示。ECU根据冷却液传感器信号(THW信号)确定基本喷油时间,根据进气温度传感器(THA信号)对喷油时间做修正(延长或缩短)。然后在根据蓄电池电压适当延长喷油时间,以实现喷油量的进一步的修正,即电压修正。

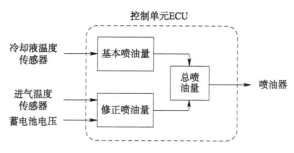

图3-10 起动时的同步喷油量控制

2. 起动后的同步喷油量控制

喷油持续时间 = 基本喷油持续时间 × 喷油修正系数 + 电压修正值

D型电控燃油喷射系统根据发动机转速信号和进气管绝对压力信号确定基本喷油时间。L型电控燃油喷射系统根据发动机转速信号和空气流量计信号确定基本喷油时间。起动后的同步喷油量控制如图3-11所示。

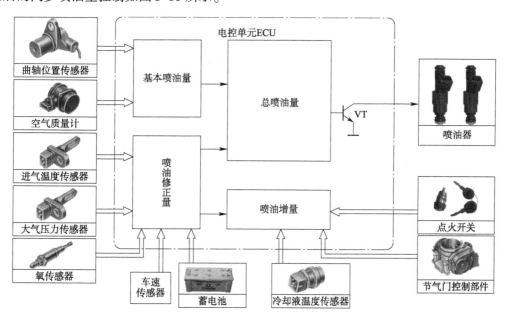

图3-11 起动后的同步喷油量控制

3. 喷油修正系数

(1)起动后加浓修正:根据冷却液温度确定喷油时间的初始修正值。

(2)暖机加浓修正:在达到正常温度之前,根据冷却液温度信号进行喷油时间修正。

(3)进气温度修正:根据进气温度传感器提供的进气温度信号(THA信号),对喷油时间进行修正。低于20℃为空气密度大,ECU适当地增加喷油时间;高于20℃适当地减少喷油时间。

(4)大负荷工况喷油量修正:根据车速信号以及节气门位置传感器输送的负荷信号判断发动机负荷状况,大负荷时适当增加喷油时间。

(5)怠速稳定性修正:ECU根据节气门位置传感器信号和发动机曲轴位置传感器信号对喷油量进行修正,随着进气管绝对压力增大或怠速转速的降低,适当增加喷油时间;反之,减少喷油时间。

4. 异步喷油量控制

发动机起动和加速时的异步喷油量是固定量,各缸喷油器以一个固定的喷油持续时间,同时向各缸增加一次喷油。

三、燃油停供控制

1. 减速断油控制

当发动机急减速时(发动机转速高于某一额定转速、节气门位置传感器输出怠速信号),ECU将会切断燃油喷射控制电路,停止喷油,以降低碳氢化合物及一氧化碳的排放量;转速下降到1200r/min时,重新恢复供油。

2. 限速断油控制

加速时,发动机超过安全转速或汽车车速超过设定的最高车速时,ECU将切断燃油喷射控制电路,停止喷油,防止超速。图3-12为发动机限速断油控制。

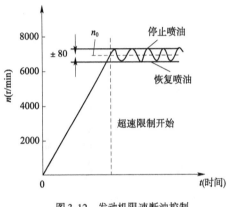

图3-12 发动机限速断油控制

四、燃油泵控制

根据发动机的转速和负荷来控制燃油泵以高速或低速运转,既保证发动机高速时燃油量的供给,又保证发动机低速时燃油泵以低速运转从而减小燃油泵的磨损消耗,如图3-13所示。燃油泵继电器有"A"和"B"两个触点。

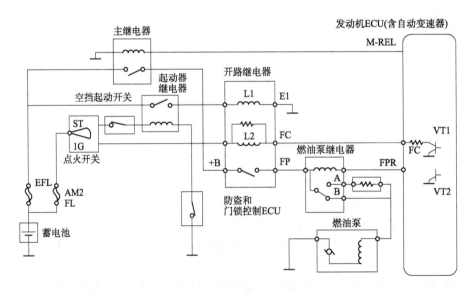

图3-13 燃油泵高低速控制

[注意]

当燃油泵继电器触点"A"闭合时,燃油泵控制电路中串联有电阻,起到分压的作用,燃油泵处于低速运转;当燃油泵继电器触点"B"闭合时,电源电压直接加在燃油泵端子上,燃油泵处于高速运转。

任务3 掌握电控燃油喷射系统的组成与基本原理

一、空气供给系统

功用:为发动机提供清洁的空气并控制发动机正常工作时的供气量。

原理:空气经空气滤清器过滤后,通过空气流量计、节气门体进入进气总管,再通过进气歧管分配给各汽缸,图3-14所示为不同形式的空气供给系统。质量流量型系统在进气总管上安装空气流量计,检测进气量;速度密度型系统在进气总管上安装进气压力传感器,间接检测进气量。

空气流量计安装在空气滤清器之后,节气门体之前;进气压力传感器安装在节气门体之后。

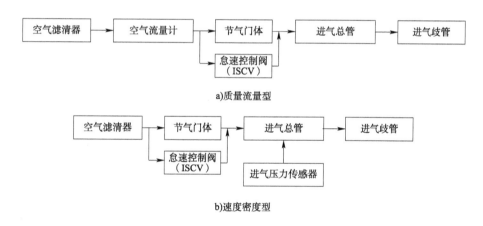

图3-14 不同形式的空气供给系统

二、燃油供给系

功用:供给喷油器一定压力的燃油,喷油器则根据ECU指令喷油。

原理:电动燃油泵将汽油从油箱内吸出,经滤清器过滤后,由压力调节器调压,通过油管输送给喷油器,喷油器根据ECU指令向进气管喷油,燃油泵供给的多余汽油经回油管流回油箱,如图3-15所示。

三、控制系统

ECU根据空气流量计信号和发动机转速信号确定基本喷油时间,再根据其他传感器对喷油时间进行修正,并按最后确定的总喷油时间向喷油器发出指令,使喷油器喷油或断油,如图3-16所示。

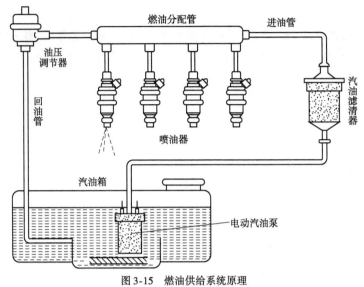

图 3-15 燃油供给系统原理

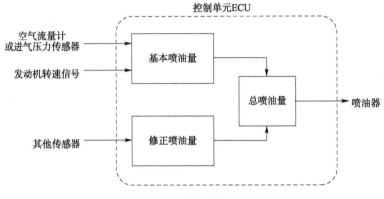

图 3-16 控制系统原理

任务4 掌握空气供给系统主要元件的构造原理与检修方法

一、空气供给系统概述

进气系统由进气管、空气滤清器、节气门体、进气总管、进气歧管等组成,如图 3-17 所示。

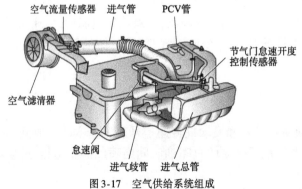

图 3-17 空气供给系统组成

一般发动机进气管在发动机舱前方,排气管在发动机舱后方,以避免排气管的温度传递给发动机。

二、空气供给系统基本元件的构造

1. 空气滤清器

一般为干式纸质滤心式,结构与普通发动机空气滤清器相同。用于过滤空气中的灰尘和颗粒,构造如图 3-18 所示。

图 3-18 空气滤清器滤芯

空气滤清器必须定期清洁,一般用压缩空气枪由内向外吹滤芯,如图 3-19 所示。吹的方向与空气流进滤芯进入发动机的方向相反。

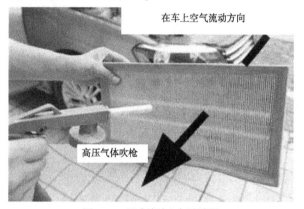

图 3-19 正确清洁空气滤清器

2. 节气门体

1)节气门体的构造

节气门体安装在进气管中(图3-20),以控制发动机各种工况下的进气量。节气门体主要由节气门和怠速空气道等组成。节气门位置传感器装在节气门轴上,以检测节气门的开度,如图 3-21 所示。

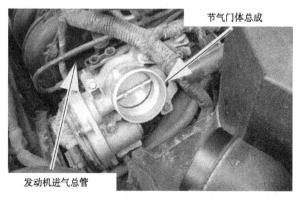

图 3-20 节气门体安装位置

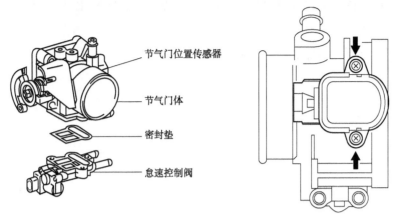

图 3-21 节气门体组成

节气门有整体式节气门体和旁通怠速气式节气门体,如图 3-22 所示。

a)整体式节气门体

b)旁通式节气门体

图 3-22 节气门体总成

2)节气门体常见故障

发动机怠速不稳定;节气门有积垢脏污等。出现这种状况,一般需要拆下节气门体,使用专用清洗剂清洗,主要清洗部位为节气门关闭时封闭区域。如图 3-23 所示(黑色箭头所指区域)。

[注意]

节气门清洗安装后,发动机怠速转速会增高,需要用解码器对节气门体进行匹配。

3)节气门体检测方法

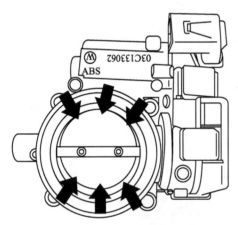

图 3-23 节气门器重点清洁区域

(1)整体式节气门体:以大众迈腾汽车整体式节气门控制电路为例,如图 3-24 所示。该节气门体没有加速拉线,为节气门电机控制的节气门体,俗称电控节气门。

ECU 的 12 端子向节气门电位计和怠速节气门电位计提供 5V 工作电压,44—端子则通过 ECU 内部搭铁,41—端子和 24—端子分别接收来自节气门电位计和怠速控制电机电位计的信号。怠速开关闭合,ECU 通过 16—端子和 17—端子间怠速电机输出正向或反向的工作电流,使怠速电机驱动节气门开大或关小,达到稳定和调节怠速的目的。当需要锁定怠速电机从而锁定节气门开度时,ECU 通过内部将 16—端子与 17—端子短接,即将急速电机的两个输入端子短接,利用电机电枢感应电流所产生的磁场,形成电机的转动阻力,从而产生制动效果。

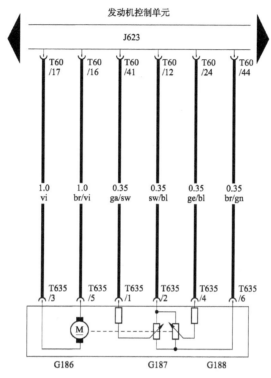

图 3-24 大众迈腾汽车节气门体电路图

如果急速电机或其控制电路发生断路故障,电机制动效果将不复存在,整体式急速稳定装置的应急弹簧则可拉动节气门至某特定开度,使发动机能够保持应急高急速运转状态。

① 测电阻。拔下 ECU 端线束插头,测线束侧 16 端子—与 17—端子之间的电阻应为 5Ω,否则查线路或急速电机;测线束侧插件 12—端子与 41—端子、12—端子与 24—端子之间的电阻,在节气门开度变化时,阻值连续变化。不符合要求时查 ECU 与节气门体之间线路断路情况和线束与端子之间的接触情况。

② 测电压。拔下整体式节气门体侧线束插头,点火开关至 ON,测节气门体 2—端子对应的插头对负极电压应为4.5~5.5 V,否则查线路。

(2)旁通气道式节气门体:目前较多采用。主要检测急速控制阀工作情况,检测节气门位置传感器工作情况。此部分内容将安排在后续章节中讲解。

3. 进气管

为了消除进气波动和保证各缸进气均匀,对进气总管和歧管的形状、容积有严格的要求。目前车辆上使用的进气管有一个粗的进气总管,上面连接进气歧管(一般为上吸式,减小进气阻力),俗称香蕉型进气管,保证各进气歧管的长度、形式一致,各缸的进气量和进气阻力一致,发动机工作平顺性好,如图 3-25 所示。为了减轻发动机质量,一般采用 ABS 塑料。部分发

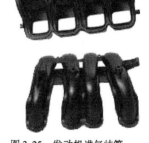

图 3-25 发动机进气歧管

25

动机在进气道上安装一个大容量的空气室以减少进气脉动和各缸的相互干涉。

4. 空气供给系的检修

维修时应注意进行以下检查:

(1)检查空气滤清器滤芯是否脏污,必要时用压缩空气吹净或更换。

(2)进气系统漏气对电控燃油喷射发动机的影响较大。检查各连接部位应连接可靠,密封垫应完好。

(3)检查节气门内腔的积垢和积胶情况,必要时用清洗剂进行清洗。

[注意]

绝对不能用砂纸和刀片清理积垢和积胶。

任务5 掌握燃油供给系统主要元件的构造原理与检修方法

一、燃油供给系统元件位置

燃油供给系统由油箱、电动燃油泵、燃油滤清器、燃油总管、燃油压力调节器、喷油器、脉动减振器及油管组成。系统组成及燃油流动路线如图3-26所示。

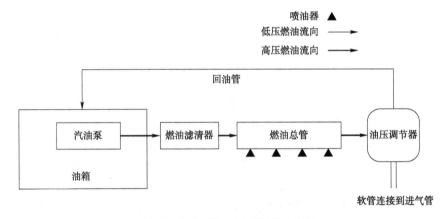

图3-26 燃油系统组成及燃油流动路线

燃油压力调节器回油管的作用使低压燃油流回油箱,低压燃油流回油箱会使油箱内燃油的温度升高,造成蒸发。现在许多发动机采用燃油压力调节器内置式,即燃油压力调节器与燃油泵一起安装在燃油箱内,所以无外部回油管,如图3-27所示。

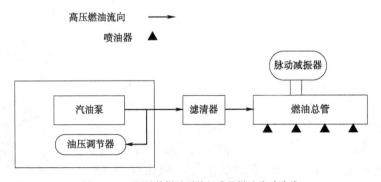

图3-27 无回油管燃油系统组成及燃油流动路线

部分车型不安装脉动减振器。

燃油系统在汽车上的整体布局如图3-28所示。

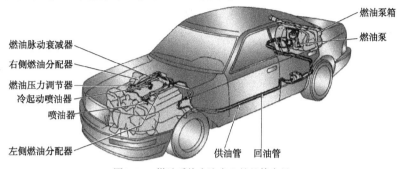

图3-28 燃油系统在汽车上的整体布局

二、电动燃油泵

1. 作用

给电控燃油喷射系统提供具有一定压力、一定数量的燃油。

2. 类型

（1）按安装位置不同分为内置式、外置式两种。

内置式——安装在油箱中，具有噪声小、可通过燃油散热和冷却、不易产生气阻、不易泄漏、管路安装简单等优点，是目前主要采用的方式，如图3-29所示。

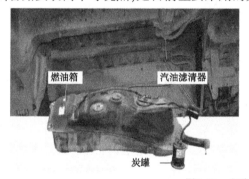 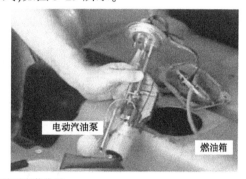

图3-29 电动汽油泵安装位置

电动汽油泵与其他部件的连接关系如图3-30所示。

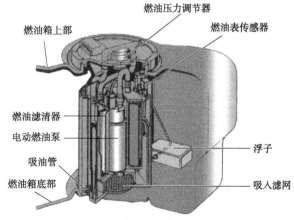

图3-30 电动汽油泵与其他部件的安装关系

外置式——串接在燃油箱外部的输油管路中,易布置、安装自由大,单噪声大,易产生气阻,极少采用。

（2）按电动燃油泵的结构不同分为涡轮式、滚柱式等。

3. 电动燃油泵的结构

1）涡轮式叶片电动燃油泵

（1）结构。电动汽油泵为整体不可分解式,主要由燃油泵电动机、涡轮叶片泵、出油阀、限压阀组成,如图3-31所示。

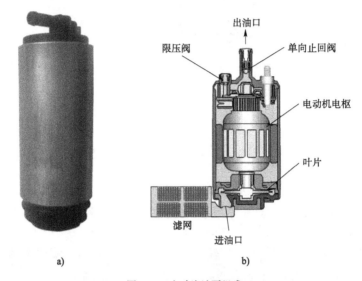

图3-31 电动汽油泵组成

（2）原理。燃油泵电动机通电时,电动机驱动涡轮泵叶片旋转,由于离心力的作用,使叶轮周围小槽内的叶片贴紧泵壳,将燃油从进油侧加压送往出油侧,如图3-32所示。由于进油室的燃油不断增多,形成一定的真空度,将燃油从进油口吸入;而出油室燃油不断增多,燃油压力升高,当达到一定值时,顶开出油阀出油口输出。出油阀在油泵不工作时阻止燃油流回油箱,保持油路中有一定的压力,便于下次起动。如图3-33所示。

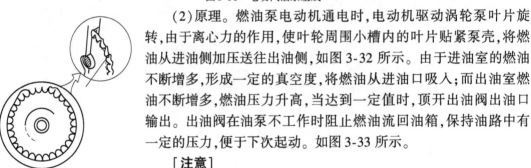

图3-32 叶片泵工作原理

[**注意**]

①止回阀主要作用是保证发动机熄火后,燃油系统压力维持一定值,便于下次起动时喷油器有足够的喷油量,同时防止燃油系

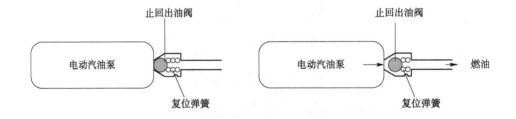

a)止回阀关闭,燃油系统燃油密封,系统压力保持　　b)止回阀开启,燃油由汽油泵供应到燃油系统

图3-33 单向出油阀工作情况

统管路渗漏进气。

②止回阀损坏的主要原因是关闭不严。故障现象：车辆长时间停放后,起动困难。由于发动机运转期间,止回阀始终处于开启状态,所以止回阀关闭不严故障不影响发动机的其他性能。

电动汽油泵上限压阀的作用是维持系统压力不超过规定值。当油泵泵油压力高于规定值时,为防止油泵损坏和燃油管路破裂,限压阀开启,部分燃油直接流回油箱,减小油泵泵油压力,如图3-34所示。

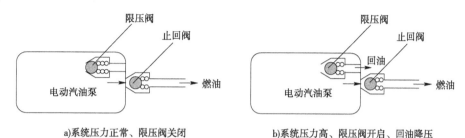

图3-34　限压阀工作情况

（3）优点。泵油量大、泵油压力较高、供油压力稳定、运转噪声小、使用寿命长等。此外,由于不需要消声器,可以小型化,因此广泛应用在轿车上,如捷达、本田雅阁等。

2）滚柱式电动燃油泵

（1）结构。主要由燃油泵电动机、滚柱式燃油泵、出油阀、卸压阀等组成。

（2）原理。当转子旋转时,位于转子槽内的滚柱在离心力的作用下,紧压在泵体内表面上,对周围起密封作用,在相邻两个滚柱之间形成工作腔。在燃油泵运转过程中,工作腔转过出油口后,其容积不断增大,形成一定的真空度,当转到与进油口连通时,将燃油吸入；而吸满燃油的工作腔转过进油口后,容积不断减小,使燃油压力提高,受压燃油流过电动机,从出油口输出。

4. 燃油泵控制

1）ECU控制的燃油泵控制电路

（1）应用类型：主要应用在装用D型EFI和装用热式和卡门旋涡式空气流量计的L型EFI系统中,如图3-35所示。

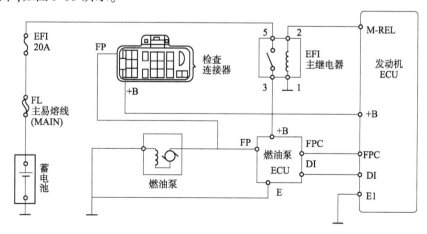

图3-35　ECU控制的燃油泵控制电路

(2)控制原理:主继电器闭合时,燃油泵 ECU 通电,当发动机 ECU 的 FPC 端子输出控制信号时,燃油泵 ECU 控制燃油泵通电工作。

当燃油泵出现不能工作时,可以直接通过短接检查连接器 FP 端子与 +B,不通过继电器直接给油泵供电。如果此时油泵工作,则故障在控制线路部分;如果此时油泵仍不能正常工作,则故障在燃油泵本身。

2)燃油泵开关控制的燃油泵控制

主要用于装有叶片式空气流量计的 L 型 EFI 系统中。由于叶片式空气流量计本身进气阻力较大,故极少采用。

3)燃油泵继电器控制的燃油泵控制电路

为满足发动机高速燃油销量多的需求,同时满足发动机低速运转时减小燃油泵的磨损、延长燃油泵的使用寿命,部分发动机燃油泵采用高、低速控制。即发动机高速运转时,燃油泵高速运转;发动机低速运转时,燃油泵低速运转,如图 3-36 所示。

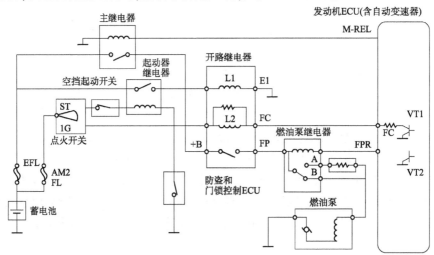

图 3-36 燃油泵继电器控制的燃油泵控制电路

当发动机低速、小负荷运转时,发动机 ECU 根据节气门位置传感器、空气流量计和曲轴位置传感器等传感器传递的信号,控制燃油泵继电器线圈通电,燃油泵继电器触点"A"闭合,蓄电池电源通过燃油泵继电器后经过一个串联的电阻然后供给燃油泵,由于串联电阻起到分压的作用,此时作用在燃油泵上的电压小于蓄电池电压,燃油泵以低速运转。

当发动机高速、大负荷运转时,发动机 ECU 根据节气门位置传感器、空气流量计和曲轴位置传感器等传感器传递的信号,控制燃油泵继电器线圈断电,燃油泵继电器触点"B"闭合,蓄电池电源通过燃油泵继电器直接供给燃油泵,燃油泵以高速运转。

5. 燃油泵的工作特点

打开点火开关,燃油泵工作 3~5s,主要是为燃油系统补充燃油压力,便于发动机起动。

[注意]

止回阀关闭不严造成发动机起动困难的故障,可以通过多次开启点火开关的方法补充油压。发动机起动的步骤为:点火开关 ON—OFF—ON—OFF—ON—起动。

6. 燃油泵不工作的就车检查

(1)用专用导线将诊断座上的燃油泵测试端子跨接到 12V 电源上。

(2)将点火开关转至"ON"位置,但不要起动发动机。

(3)旋开油箱盖应听到燃油泵工作的声音,或用手捏进油软管应感觉有压力。

(4)若听不到燃油泵的工作声音或进油管无压力,应检修燃油泵线束端子接触是否良好或更换燃油泵。

(5)若上述检查正常,应检查燃油泵电路导线、继电器、易熔线和燃油泵熔断丝有无断路。

7. 燃油泵的拆装与检测

拆装燃油泵时应注意:应释放燃油系统压力,并关闭用电设备。拆下燃油泵后,测量燃油泵两端子之间电阻应为 2~3Ω。用蓄电池直接给燃油泵通电,应能听到燃油泵电动机高速旋转的声音。

[注意]

为避免给燃油泵通电时引燃燃油,应用线束先连接好燃油泵处插头,再用线束另外一端接通蓄电池(此端尽量远离燃油泵);通电时间不能太长。

三、燃油滤清器

1. 功用

滤清燃油中的杂质和水分,防止燃油系统堵塞,减小机件磨损,保证发动机正常工作。燃油滤清器一般安装在油箱出油口附近,如图3-37所示。

2. 更换

一般采用纸质滤心,每行驶 20000~40000km 或 1~2 年应更换 1 次。安装时应注意燃油流动方向的指示箭头,不能装反,如图3-38所示。

图3-37 燃油滤清器安装部位

图3-38 燃油滤清器构造及安装方向

四、脉动阻尼器

1. 功用

减小在喷油器喷油时,油路中的油压可能会产生微小的波动,使系统压力保持稳定。

2. 组成

由膜片、复位弹簧、阀片和外壳组成。

3. 原理

发动机工作时,燃油经过脉动阻尼器膜片下方进入输油管,当燃油压力产生脉动时,膜片弹簧被压缩或伸张,膜片下方的容积稍有增大或减小,从而起到稳定燃油系统压力的作用,如图3-39所示。

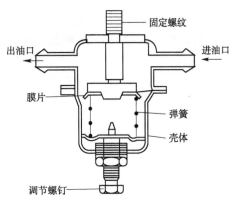

图3-39 脉动阻尼减振器

五、燃油压力调节器

1. 作用

维持燃油总管的燃油压力,使燃油系统与进气歧管之间的压力差保持恒定为250~300 kPa。

2. 控制

发动机ECU对燃油喷射量的控制,是通过控制喷油器的通电时间即喷油脉宽实现的。因此喷油器的喷油压力是影响喷油量和空燃比的重要因素。若喷油器喷油压力不同,即使发动机ECU控制喷油器的喷油脉宽为定值,喷油器喷油量也不同。为了精确控制喷油器喷油量和空燃比,燃油系统中安装有燃油压力调节器,确保燃油系统压力与进气歧管真空度之间的压力差为恒定值,即喷油器的喷油压力为定值。

3. 组成

燃油压力调节器主要由阀片、膜片、膜片弹簧和外壳组成,如图3-40所示。

4. 原理

发动机工作时,燃油压力调节器膜片上方承受的压力为弹簧压力和进气管内气体的压力之和,膜片下方承受的压力为燃油压力,当压力相等时,膜片处于平衡位置不动。

当发动机节气门开度增加、负荷加大时,进气管内真空度下降,膜片向下移动,关闭回油阀,燃油系统压力增加,如图3-41所示。

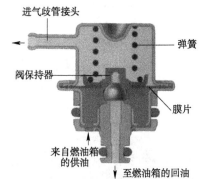

图3-40 燃油压力调节器

当发动机节气门开度减小、负荷降低时,进气管内真空度增高,膜片向上移动,打开回油阀,部分燃油通过回油阀流回油箱,燃油系统压力降低,如图3-42所示。

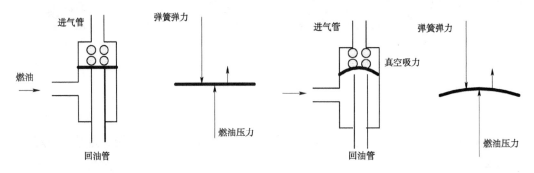

图3-41 回油阀关闭、油压升高　　图3-42 回油阀打开、油压降低

燃油压力调节器能够保证发动机工作时,燃油压力与进气管真空度之间的压力之和(即喷油器喷射压力)维持恒定,见表3-1。

燃油压力与进气管真空度的关系 表3-1

序号	发动机工作状态	进气管真空度	燃油压力	喷油压力
1	发动机节气门开度较大(中高负荷工况)	较小	较高	保持不变
2	发动机节气门开度较小(小负荷工况)	较高	较小	保持不变
3	发动机节气门开度突然增加(急加速工况)	由大变小	由低到高	保持不变
4	发动机节气门开度突然减小(急减速工况)	由小变大	由高到低	保持不变
6	发动机节气门开度一定,发动机转速较高时	较高	较小	保持不变
7	发动机节气门开度一定,发动机转速较低时	较小	较高	保持不变

注:喷油器喷油压力 = 燃油压力 + 进气管真空吸力。

六、喷油器

1. 功用

根据 ECU 指令,开启或关闭,控制燃油的供给与切断。

2. 安装

多点式燃油喷射系统,喷油器安装在进气歧管,靠近发动机进气门附近;缸内直喷式燃油喷射系统,喷油器安装在发动机气缸盖上。

3. 构造

由滤网、线束连接器、电磁线圈、复位弹簧、衔铁和针阀等组成。有孔式和轴针式两种类型,如图3-43所示。

4. 原理

当电磁线圈通电时,线圈产生电磁吸力,将衔铁吸起并带动针阀离开阀座,同时复位弹簧被压缩,燃油经过针阀并由轴针与喷口的环隙或喷孔中喷出;当电磁线圈断电时,电磁线圈消失,复位弹簧迅速使针阀关闭,喷油器停止喷油。

5. 类型

高阻(电阻 13~16Ω)和低阻(电阻 2~3Ω)。

6. 电路控制方式

喷油器有电流驱动和电压驱动两种形式。一般电流驱动适合于低阻型喷油器,如图3-44所示。电压驱动对高阻型喷油器和低阻型喷油器均适用,如图3-45所示。ECU 发出指令,喷油器线圈通电,喷油器喷油。

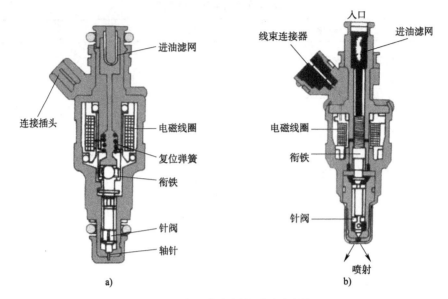

图 3-43 轴针式喷油器和孔式喷油器

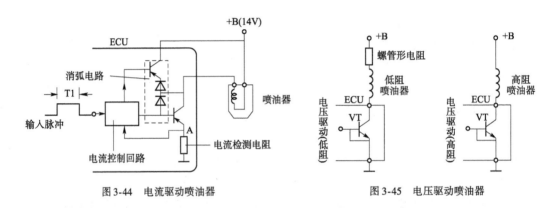

图 3-44 电流驱动喷油器　　　　图 3-45 电压驱动喷油器

7. 喷油器检修

(1) 简单检查方法:运转发动机,检查喷油器针阀开启时的振动和声响。一般用听诊器检查,或用手触摸检查。

(2) 喷油器电阻检查:低阻为 2~3Ω,高阻为 13~16Ω。用万用表检测电阻。

(3) 喷油器滴漏检查:在 1min 内喷油器应无滴油现象。用喷油器清洗检测仪进行。

(4) 喷油量检查:检查一定时间内的在额定压力下,喷油器喷油量应符合维修手册里的规定值。用喷油器清洗检测仪进行。

(5) 喷油器清洗:喷油器长时间使用后,喷油口会发生堵塞,影响喷油器喷油量,造成发动机怠速不稳定,动力性能差。

喷油器必须进行清洗,方法如下(图 3-46)。

①人工清洗:方法简单,成本低。缺点是只能清洗喷油器,不能对喷油器进行性能检测,如图 3-47 所示。

a. 喷油器人工清洗前,需要检测喷油器电阻,如果为低阻型喷油器,不能直接用蓄电池给喷油器通电清洗,否则可能损坏喷油器。

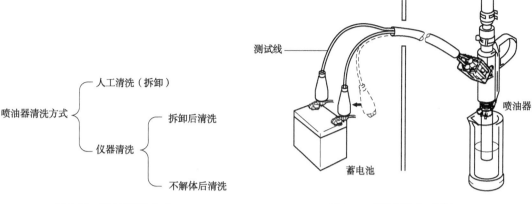

图3-46 喷油器清洗方式

图3-47 喷油器的人工清洗

b. 喷油器再次安装时,必须更换橡胶密封圈。

c. 清洗时,喷油器不能长时间持续通电,必须采用通—断—通—断的方式给喷油器供电。

②仪器清洗:既能够进行喷油器清洗,又可以对喷油器进行性能检测。可采用拆卸喷油器清洗法(仪器如图3-48)和不解体清洗法(图3-49)。

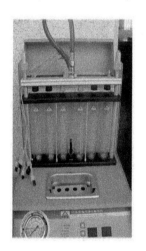

图3-48 喷油器清洗检验仪

图3-49 喷油器不解体清洗

七、燃油供给系的检修

1. 燃油系统的压力释放

目的:防止在拆卸时,系统内的压力油喷出,造成人身伤害和火灾。

释放燃油系统压力的方法:拔下燃油泵供电插头或燃油泵保险,起动发动机运转到自然熄火,再次起动发动机运转至发动机熄火。然后再拆开燃油管路(应用容器或清洁的布接住拆装处滴漏的燃油)。

2. 燃油系统压力预置

目的:为避免首次起动发动机时,因系统内无压力而导致起动时间过长。

通过反复打开和关闭点火开关数次来完成。

(1) 检查燃油系统元件和油管接头是否安装好。
(2) 使用专用导线将诊断座上的燃油泵测试端子跨接到12V电源上。
(3) 将点火开关转至"ON"位置,使电动燃油泵工作约10s。
(4) 关闭点火开关,拆下诊断座上的专用导线。

3. 燃油系统压力测试

(1) 检查油箱中的燃油,释放燃油系统压力。
(2) 检查蓄电池,拆下负极电缆。
(3) 将专用燃油压力表串接在进油管上。
(4) 接上负极电缆,起动发动机使其维持怠速运转,如图3-50所示。

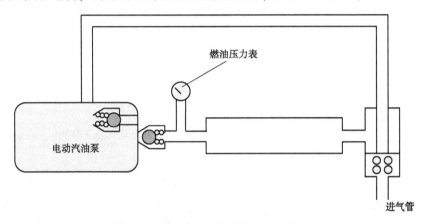

图3-50　燃油系统压力测试燃油压力表的连接

4. 燃油系统压力检测

一般检测燃油系统压力是否正常、有无泄漏等。确定燃油系统外部无泄漏后,利用燃油压力表检测并判断故障,具体检测方法、检测部位如图3-51所示。图中"A"位置为汽油泵与燃油压力表之间,"B"位置为燃油压力表与燃油总管之间,"C"为燃油压力调节器回油管。在测试中,分别对以上位置进行截断燃油通道(用专用钳夹住油管即可)。

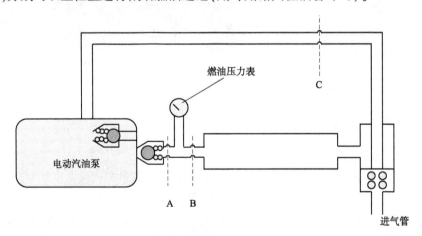

图3-51　燃油系统压力检测部位"A""B""C"对应位置图

(1) 若燃油压力表显示燃油压力高于规定值,拆下燃油压力调节器上真空软管,用手堵住进气管一侧,检查油压表指示的压力。如燃油压力表显示燃油压力增加约0.05 MPa,说明燃油压力调节器故障或回油管有堵塞。

(2)若燃油压力表显示燃油压力低于规定值,原因可能为燃油泵工作不良、燃油压力调节器故障。

[注意]

将"B"位置短时间用专用钳夹住,如燃油压力表压力迅速增高到0.4MPa左右,说明燃油泵正常,故障在燃油压力调节器。如燃油压力表压力没有变化,说明燃油泵故障,必须更换燃油泵。

(3)若燃油压力表显示燃油压力正常,将发动机熄火,等待10min后观察压力表的压力,系统压力不得低于0.20 MPa。

[注意]

①如系统压力低于规定值,故障可能为:燃油泵单向阀关闭不严、燃油压力调节器回油阀关闭不严、喷油器泄漏等。

②检测方法:重新起动发动机运转,将发动机熄火,立刻将"A"位置和"C"位置同时用专用钳夹住,同时观察燃油压力表读数变化情况,如图3-52所示。

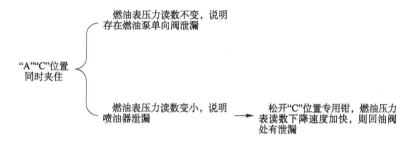

图3-52 燃油压力表读数变化情况

(4)检查完毕后,应释放系统压力,拆下燃油压力表,装复燃油系统。预置压力后,起动发动机运转应保证正常工作。

任务6 掌握控制系统主要元件的构造原理与检修方法

一、空气流量传感器(MAF)

1. 空气流量计的作用

检测进入发动机的空气量,ECU将空气量信号作为确定基本喷油量的主信号。用于直接检测空气流量的传感器称为空气流量传感器,简称为MAF传感器。非直接检测空气流量的传感器称为进气压力传感器,简称为MAP传感器。MAP传感器根据进气歧管压力和发动机转速计算进气量。

空气流量传感器一般有3种形式,具体如图3-53所示。

2. 空气流量计的安装位置

空气流量计安装在发动机节气门体与空气滤清器之间的空气管路上,如图3-54所示。

3. 空气流量计的构造及工作原理

1)热式空气流量计

(1)构造:热式空气流量计的构造如图3-55所示,热线电阻 R_h 以铂丝制成,缠绕在陶瓷制成的圆柱体上,冷线可以根据近期温度的高低改变电阻的大小,所以热线式能修正因为空气温度变化造成的空气密度的变化,可以直接检测控制质量。

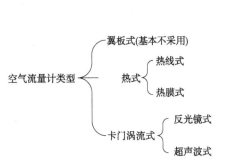

图 3-53　空气流量传感器的形式

图 3-54　空气流量传感器安装位置

a)

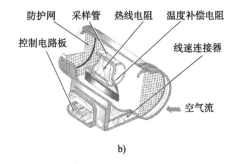

b)

图 3-55　热线式空气流量计构造

(2)传感器工作原理:热线电阻 R_h 和温度补偿电阻 R_t 均置于空气通道中的取气管内,与 R_1、R_2、R_s 共同构成桥式电路。R_h、R_t 阻值均随温度变化。当空气流经 R_h 时,使热线温度发生变化,电阻减小或增大,使电桥失去平衡;若要保持电桥平衡,就必须使流经热线电阻的电流改变,以恢复其温度与阻值,精密电阻 R_s 两端的电压也相应变化,并且该电压信号作为热式空气流量计输出的电压信号送往 ECU。如图 3-56 所示。

(3)自洁功能:因为热线在主空气道上,容易沾染污物,为消除热线上的污物,部分发动机设计在点火关闭后 4s 内,自动给热线通电 1s,使热线的温度上升到 1000℃,达到清洁热线的目的。

2)热膜空气流量计

(1)传感器构造:利用热膜取代热线以计量空气量,如图 3-57 所示。热膜固定在薄树脂上,外表镀有耐高温的金属铂或镍,热膜式空气流量计不受气流脉动及废气再循环的影响,反应速度比热线式空气流量计快,使用寿命长,因此被广泛使用。

(2)传感器工作原理:热膜式空气流量计工作原理与热线式相同。

3)反光镜式空气流量计

(1)传感器构造:传感器的进气阻力小,检测精确,其构造如图 3-58 所示。在空气道上安装有涡流发生器,反光镜固定在板弹簧上,发光二极管通电时会发光,光通过反光镜可以反射到光敏晶体管上。

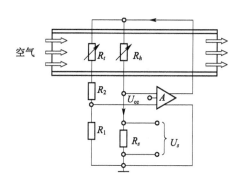

图3-56 热线式空气流量计工作原理

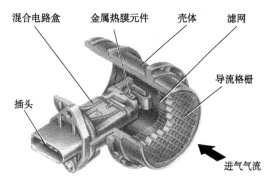

图3-57 热膜式空气流量计构造

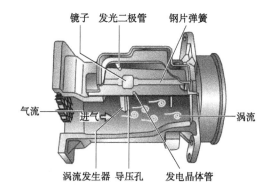

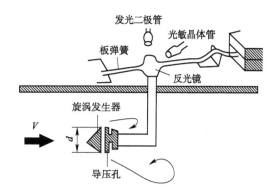

图3-58 反光镜式空气流量计构造

（2）传感器工作原理：当进入发动机的空气流经涡流发生器时，在其下游会产生旋转方向相反的涡流，卡门涡流的频率与空气流动速度成正比，因此检测卡门漩涡产生的频率，如图3-59所示。

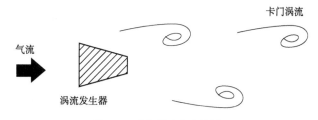

图3-59 卡门涡流产生的原理

反光镜式空气流量计将卡门漩涡发生器两侧的压力变化，通过导压孔引向反光镜，使反光镜产生振动，如图3-60所示。反光镜振动时，把发光二极管发出的光反射给光敏晶体管，将漩涡的频率转换成反光镜的振动频率，转换成光敏晶体管的通断信号。涡流发生的频率与空气流速成正比，进气量越大，脉冲信号的频率越高；反之，进气量越小，脉冲信号频率越低。ECU根据该脉冲信号的频率，检测进气量。

[**注意**]

由于该类传感器无法检测进气温度对空气流的影

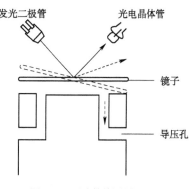

图3-60 反光镜检测原理

响,需要安装进气温度传感器作为修正信号。

4)超声波式空气流量计

(1)构造:超声波式空气流量计构造如图3-61所示。在空气道上安装有涡流发生器,在涡流发生器下游设置超声波信号发生器和超声波接收器,超声波接收器接收信号。

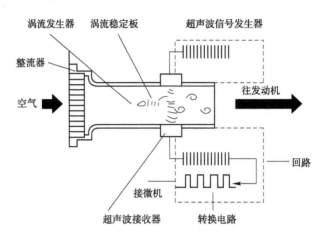

图3-61 超声波式空气流量计构造

(2)传感器工作原理:当进入发动机的空气流经涡流发生器时,在其下游会产生旋转方向相反的涡流,超声波信号经过涡流时,会产生加减速作用,使到达超声波接收器的时刻发生变化,该变化信号经过转换电路转换为数字信号,传送到ECU,判断空气流量。进气量少时,脉冲波形间距大,进气量多时,脉冲波形间距小。信号与进气量的关系如图3-62所示。

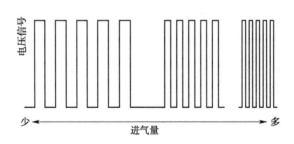

图3-62 传感器信号与进气量成正比

4.传感器故障现象

空气流量计损坏后,可能出现汽车加速无力、冒黑烟、无法加速到最高车速、没有怠速等现象,同时仪表板上的发动机故障指示灯点亮。

5.传感器检测

1)热线(膜)式空气流量计

(1) 6线式热线式传感器电路图3-63所示。当点火开关接通时,经电子燃油喷射继电器给空气流量计的"E"端子提供蓄电池电压,空气流量传感器信号经"B"端子输入控制装置,"A"端子为可变电阻器输出端子,"D"为空气流量计通过控制装置搭铁,ECU通过"F"端子给空气流量计输送自洁信号,"C"端子为空气流量计自身搭铁端子。

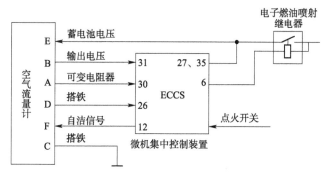

图 3-63 6 线式热线式传感器电路图

检测:检测结果如表 3-2 所示。

传感器检测标准及结果 表 3-2

序号	检测内容	标 准	要 求	结 果
1	E 与 D 电压	蓄电池电压	打开点火开关,但不启动发动机	电源线路或搭铁线路有故障
2	E 与 C 电压	蓄电池电压	打开点火开关,但不启动发动机	电源线路或搭铁线路有故障
3	B 与 C 电压	2~4 V	发动机不工作时	正常
4	B 与 C 电压	1.0~1.5 V	发动机工作时	正常
5	F 与 D 电压	电压应回零并在 5s 后又跳跃上升,1s 后回零	发动机达到正常工作温度、转速超过 1500 r/min,关闭点火开关	否,自洁信号不良
6	导线	0Ω	测量传感器与控制单元间线束	正常

(2) 4 线式热线式传感器电路图如图 3-64 所示。空气流量计"5"端子为空气流量计信号输出端子,"3"端子为空气流量计搭铁端子,"4"端子为参考供电端子,"2"端子为蓄电池供电端子。

检测:打开点火开关,检测"2"端子和"3"端子之间电压应为蓄电池电压,否则检查供电线束和搭铁线束是否良好。打开点火开关,检测"4"端子和"3"端子之间电压应为 5V。打开点火开关及起动发动机后,检测"5"端子和"5"端子之间电压均应符合维修手册规定,否则应更换空气流量计。

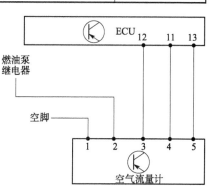

图 3-64 4 线式热线式传感器电路图

(3) 3 线式热线式传感器电路图如图 3-65 所示。空气流量计"A"端子为空气流量计信号输出端子,"B"端子为空气流量计搭铁端子,"C"端子为供电端子。

检测:打开点火开关,检测"B"端子和"C"端子之间电压应为蓄电池电压,否则检查供电线束和搭铁线束是否良好。打开点火开关及起动发动机后,检测"B"端子和"A"端子之间电压均应符合维修手册规定,否则应更换空气流量计。

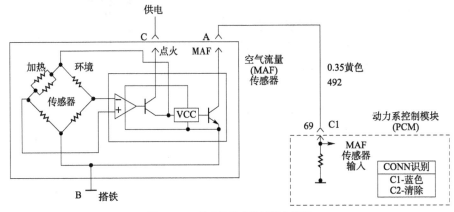

图 3-65　3 线式热线式传感器电路图

2) 卡门涡流式空气流量计

5 线式热线式传感器电路图如图 3-66 所示。空气流量计"KS"端子为空气流量计信号输出端子,"E2"端子为空气流量计搭铁端子,"Vc"端子为空气流量计参考电压供电端子,"E1"端子为进气温度传感器搭铁端子,"THA"端子为空气流量计参考电压供电端子。

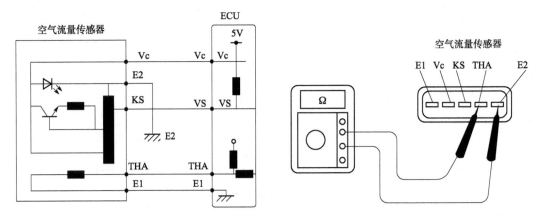

图 3-66　5 线式热线式传感器电路图

检测:打开点火开关,检测"Vc"端子和"E2"端子之间电压应为 5V 电压,否则检查供电线束和搭铁线束是否良好。打开点火开关及启动发动机后,检测"KS"端子和"E2"端子之间电压均应符合维修手册规定(该信号为脉冲信号,万用表无法准确检测,应用示波器检测),否则应更换空气流量计。断开传感器线束,检测"THA"端子和"E1"端子之间电阻在不同温度环境下均应符合维修手册规定。

3 线式空气流量计,没有进气温度传感器,其他检测与 5 线式空气流量计相同。

二、进气管绝对压力传感器(MAP)

1. 传感器的作用

检测发动机进气道内的压力,将信号传送到 ECU,与发动机转速信号一起作为 ECU 控制基本喷油量的主信号。目前发动机一般采用压阻式进气压力传感器。

2. 传感器的安装位置

进气压力传感器安装在发动机节气门的后方,如发动机进气管上,发动机汽缸盖上、发动机舱防火墙上等,如图 3-67 所示。

无论该传感器安装在什么位置,特点是该传感器上连接有线束和真空管。

图 3-67　安装在进气管上的进气压力传感器

3. 进气压力传感器的构造及原理

1)传感器构造

传感器构造如图 3-68 所示。传感器真空管用以将发动机进气道真空度引入传感器内部,内部安装有硅膜片,传感器用螺栓加以固定。

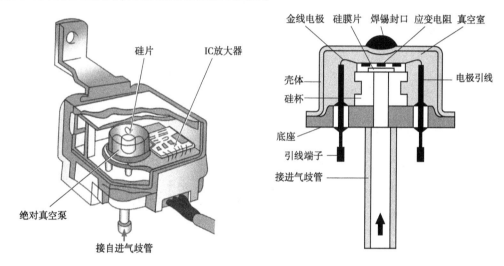

图 3-68　进气压力传感器结构

2)传感器工作原理

节气门开度越大,进气道内的真空度就越小,节气门全开时,发动机进气道内的真空度为零。因此,通过检测真空度信号,可以计算出发动机的负荷,作为发动机喷油量的重要信号。当进气歧管的压力发生变化时,硅膜片在压力差的作用下会弯曲,使半导体材料的电阻发生改变。车载电脑提供的参考电压作用在硅膜片上,硅膜片电阻变化,作用在硅膜片上的电压随之变化,该电压经过滤波后,转变为模拟信号,传送到 ECU,如图 3-69 所示。

4. 进气压力传感器的故障现象

进气压力传感器损坏后,可能出现汽车加速无力、冒黑烟、无法加速到最高车速、没有怠速等现象,同时仪表板上的发动机故障指示灯点亮。

5. 进气压力传感器的检测

进气压力传感器电路图如图 3-70 所示。传感器"1"端子为传感器信号输出端,"2"端子为发动机 ECU 提供的参考电压端,"3"端子为传感器搭铁端子。

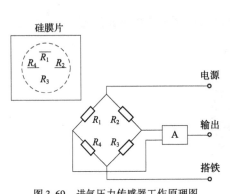
图3-69 进气压力传感器工作原理图

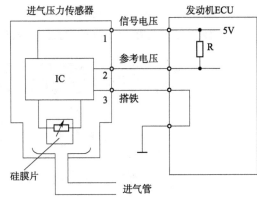
图3-70 进气压力传感器电路图

检测:打开点火开关,检测"2"端子和"3"端子之间电压应为5V,否则检查供电线束和搭铁线束是否良好。打开点火开关及起动发动机后,检测"2"端子和"3"端子之间电压应随着真空度增加而降低,而且应符合维修手册规定,否则应更换进气压力传感器。

三、节气门位置传感器(TPS)

1. 传感器的作用

检测发动机节气门开度大小及节气门开度快慢信号,传给发动机ECU,作为燃油量的修正信号。目前发动机一般采用线性节气门位置传感器。

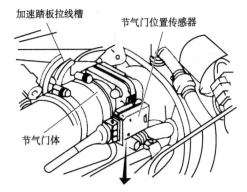
图3-71 节气门位置传感器的安装位置

2. 传感器的安装位置

节气门位置传感器安装在发动机节气门体上,加速踏板拉线的对侧,如图3-71所示。

有些车型为电子节气门,没有加速踏板拉线。

3. 节气门位置传感器的构造及原理

1)传感器构造

节气门位置传感器构造及电路如图3-72所示。传感器安装时保证了节气门动触点臂与节气门轴连接在一起,随节气门开度的变化,动触点臂带动动触点在电阻膜上滑动,节气门位置传感器用螺栓加以固定。

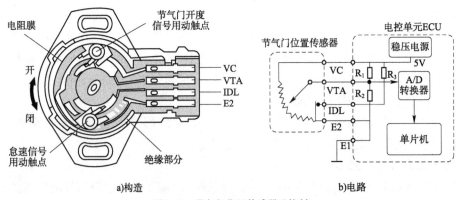

a)构造   b)电路

图3-72 节气门位置传感器及控制

安装时，放松节气门，用安装螺栓轻轻紧固节气门位置传感器，然后用解码器进入"读取数据流"功能模块，找到"发动机怠速"数据，查看数据显示为"ON"或"OFF"，轻轻转动节气门位置传感器至数据流显示由"ON"变为"OFF"或者"OFF"变为"ON"时，停止转动节气门位置传感器，然后拧紧固定螺栓即可。

2）传感器工作原理

节气门开度变化时，动触点在电阻膜上滑动，"VTA"端子和"E2"端子之间的电阻发生变化，"VTA"端的输出电压随之发生变化，如图3-73所示。

图3-73a）为节气门开度最小时节气门位置传感器工作状态。"VTA"端与怠速触点"IDL"接触，输出电压为0V。

图3-73b）为节气门开度一定时节气门位置传感器工作状态。"VTA"端与传感器电阻膜中间某部位接触，输出电压为一个确定值。

图3-73c）为节气门开度最大时节气门位置传感器工作状态。"VTA"端与"VC"参考电压输入端直接接触，输出电压为5V。

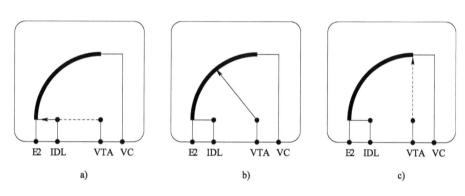

图3-73 节气门位置传感器处于不同工作状态示意图

传感器输出信号电压与节气门开度成线性对应关系，如图3-74所示。

由图3-74可见，ECU根据节气门位置传感器信号电压值大小，即可判断节气门开度大小；ECU根据信号电压变化快慢（电压变化率），即可判断节气门开度的快慢程度，作为喷油量的修正信号。

节气门开度快，ECU需增加燃油供给量，保证发动机快速提速需要，一般为车辆超车状态。

4. 节气门位置传感器的故障现象

节气门位置传感器损坏后，发动机急加速无力，甚至出现急加速熄火现象。同时，仪表板上的发动机故障指示灯点亮。

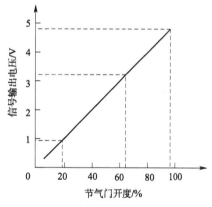

图3-74 节气门位置传感器信号电压与节气门开度之间的关系

5. 节气门位置传感器的检测

传感器"VC"端子为ECU提供的参考电压，"VTA"为节气门位置传感器信号输出电压，"IDL"传感器怠速触点，"E2"为传感器搭铁端子。

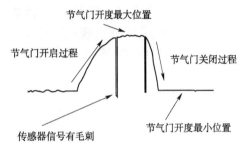

图 3-75 传感器波形分析

检测:打开点火开关,检测"VC"端子和"E2"端子之间电压应为 5V 电压,否则检查供电线束和搭铁线束是否良好,检测"VTA"端子和"E2"端子之间电压应随着节气门开度增加而增加,而且不能出现断点,否则应更换节气门传感器。

为检测准确,一般用示波器检测该传感器信号波形,信号波形分析如图 3-75 所示。如果节气门关闭过程曲线过于平缓,说明节气门复位缓慢,一般由节气门复位弹簧过软造成。

实测波形如图 3-76 所示,图 a)为正常波形;图 b)说明传感器信号动触点在电阻膜滑动时,有接触不良现象,需要更换传感器。

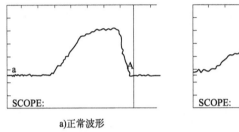

a)正常波形

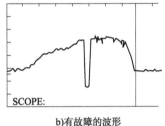

b)有故障的波形

图 3-76 传感器实测波形

四、发动机冷却液温度传感器(THW)

1. 传感器的作用

检测发动机温度信号,将信号传递到 ECU,作为燃油量喷射的修正值。目前发动机采用负温度系数电阻性冷却液温度传感器。

2. 传感器的安装位置

冷却液温度传感器一般安装在发动机出水口处或发动机缸体上,如图 3-77 所示。

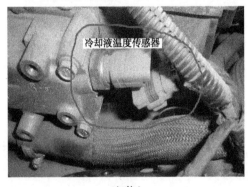

a)缸体上

b)出水口处

图 3-77 水温传感器的安装位置

3. 发动机冷却液温度传感器的构造及原理

1)传感器构造

冷却液温度传感器构造如图 3-78 所示。传感器一般为 2 线式。传感器内部有一个负温度系数热敏电阻,部分通过传感器自身的螺纹安装,安装后通过卡箍固定。

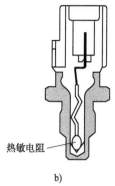

a)   b)

图 3-78 水温传感器构造

安装时,需要在螺纹处涂抹专用密封胶。对于通过卡箍固定的冷却液温度传感器,要更换橡胶密封圈。

2)传感器工作原理

发动机温度变化时,冷却液温度传感器热敏电阻的阻值随之发生变化,电阻值随温度的升高而降低,如图 3-79 所示。

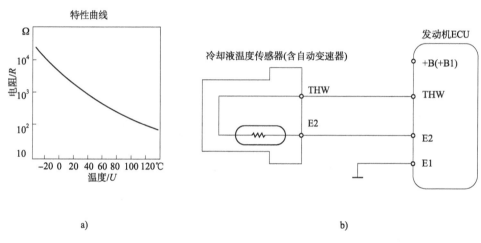

a)   b)

图 3-79 水温传感器阻值变化曲线及电路图结构

发动机 ECU 通过一个固定电阻,给发动机冷却液温度传感器施加 5V 参考电压,通过传感器搭铁端子形成回路。由于发动机温度变化,导致冷却液温度传感器阻值发生变化,作用在传感器电阻上的电压随之变化。ECU 检测此电压变化,即可知道发动机温度值。

4. 发动机冷却液温度传感器的故障现象

发动机冷却液温度传感器损坏后,会出现发动机冷车起动困难、油耗增加、发动机过热、冷却风扇长转等现象。同时,仪表板上的发动机故障指示灯点亮。

5. 发动机冷却液温度传感器的检测

传感器电路图如图 3-79b)所示。传感器"THW"端子为 ECU 提供的参考电压,"E2"为传感器搭铁端子。

检测:断开传感器侧线束插头,打开点火开关,检测"THW"端子和"E2"端子之间电压应为 5V 电压;否则检查供电线束和搭铁线束是否良好,检测"THW"端子和"E2"端子之间电压应随着发动机温度增加而减小。

47

检测传感器电阻并记录,如图 3-80 所示。将冷却液温度传感器置于水中,对烧杯进行加热,检测记录传感器电阻的同时,记录发动机温度,将结果与标准值对比,如不符合标准要求,需要更换传感器。记录表如表 3-3 所示。

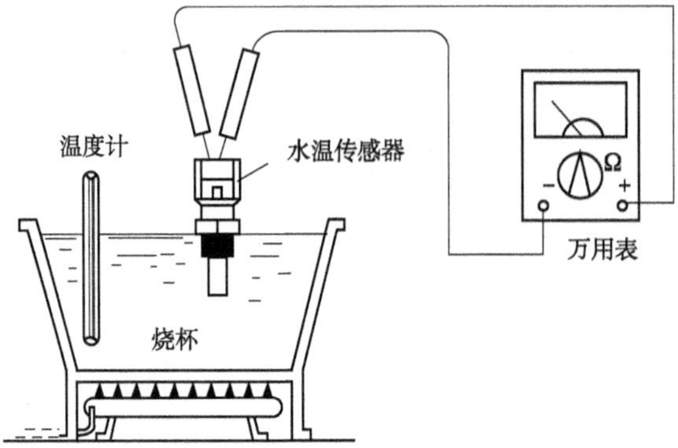

图 3-80 传感器检测

传感器检测结果记录表 表 3-3

水温度/℃	电阻值/Ω	备注	水温度/℃	电阻值/Ω	备注
20			50		
30			60		
40			70		

五、进气温度传感器(THA)

1. 传感器的作用

检测发动机进气温度信号,将信号传递到 ECU,作为燃油量喷射的修正值。目前发动机采用负温度系数电阻性进气温度传感器。

2. 传感器的安装位置

进气温度传感器一般安装在发动机进气总管上或空气滤清器内,如图 3-81 所示。

3. 发动机进气温度传感器的构造及原理

1)传感器构造

进气温度传感器构造如图 3-82 所示。传感器一般为 2 线式,传感器内部有一个负温度系数热敏电阻,部分通过螺栓固定。

图 3-81 进气温度传感器的安装位置

2)传感器工作原理

发动机进气温度变化时,进气温度传感器热敏电阻的阻值随之发生变化,电阻值随温度的升高而降低,如图 3-83 所示。

发动机 ECU 通过一个固定电阻,给发动机进气温度传感器施加 5V 参考电压,通过传感器搭铁端子形成回路。由于发动机进气温度变化,导致进气温度传感器阻值发生变化,作用在传感器电阻上的电

图 3-82 进气温度传感器结构

压随之变化。ECU 检测此电压变化,即可知道发动机进气温度值。

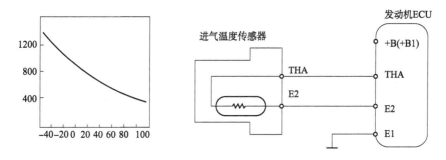

图 3-83 进气温度传感器阻值变化曲线及电路图结构

4. 发动机进气温度传感器的故障现象

发动机进气温度传感器损坏后,会出现发动机油耗增加、发动机过热等现象。同时,仪表板上的发动机故障指示灯点亮。

5. 发动机进气温度传感器的检测

传感器电路图如图 3-83 所示。传感器"THA"端子为 ECU 提供的参考电压,"E2"为传感器搭铁端子。

检测:断开传感器侧线束插头,打开点火开关,检测"THA"端子和"E2"端子之间电压应为 5V 电压;否则检查供电线束和搭铁线束是否良好,检测"THA"端子和"E2"端子之间电压应随着发动机进气温度增加而减小。

检测传感器电阻并记录,如图 3-84 所示。用电热吹风给传感器加热,检测记录传感器电阻的同时,记录温度,将结果与标准值对比,如不符合标准要求,需要更换传感器。记录表如表 3-4 所示。

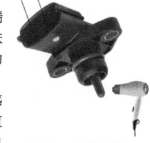

图 3-84 传感器检测

传感器检测结果记录表　　　　　　表 3-4

水温度/℃	电阻值/Ω	备注	水温度/℃	电阻值/Ω	备注
20			50		
30			60		
40			70		

六、凸轮轴/曲轴位置传感器(CKP/CMP)

1. 传感器的作用

(1)凸轮轴位置传感器:给 ECU 提供曲轴转角基准位置(第一缸压缩上止点)信号,作为燃油喷射控制和点火控制的主控信号。

(2)曲轴位置传感器:检测曲轴转角位移,给 ECU 提供发动机转速信号和曲轴转角信号,作为燃油喷射和点火控制的主控信号。

2. 传感器的安装位置

凸轮轴位置传感器安装在凸轮轴端部、气门室罩盖上或分电器内部,如图3-85所示。

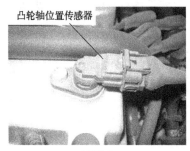
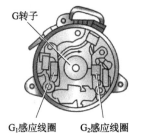

a)罩盖上　　　　　　　　　　b)分电器内

图3-85　凸轮轴位置传感器安装位置

曲轴位置传感器安装在曲轴前端、飞轮壳上或分电器内部,如图3-86所示。

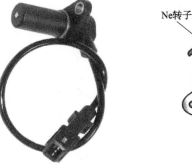

a)曲轴前端　　　　　　　　　　b)分电器内

图3-86　曲轴位置传感器安装位置

3. 传感器构造及工作原理

1)磁感应式凸轮轴/曲轴位置传感器

(1)传感器构造:传感器的构造如图3-87所示。信号盘固定在凸轮轴(曲轴)上,传感器固定在壳体上,传感器由永久磁铁、铁芯、线圈和线束等组成。

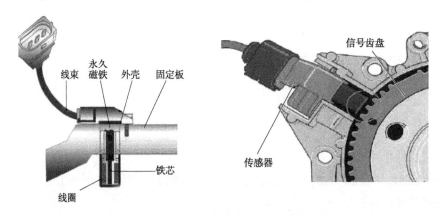

图3-87　磁感应式凸轮轴/曲轴位置传感器构造

（2）传感器工作原理：当信号盘转动时，如图3-88所示。当信号齿接近磁极时，通过磁铁的磁通量逐渐变大，但磁通量的变化率逐渐减小；当信号齿与磁极对正时，磁通量达到最大，但磁通量变化率为零；当信号齿远离磁极时，磁通量逐渐减小，磁通量变化率逐渐增加。

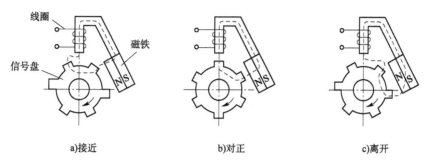

图3-88 卡门涡流产生的原理

磁通量变化时，在线圈中产生感应电压。在信号齿接近磁极、对正磁极、远离磁极时，应产生的感应电压如图3-89所示。

ECU根据传感器信号的波形，可计算出发动机转速和发动机转角信号。

电磁式凸轮轴/曲轴位置传感器举例如下：

丰田汽车磁感应式凸轮轴/曲轴位置传感器安装在分电器内，上部分为曲轴位置传感器，有带一个凸齿的G转子和两个感应线圈G_1、G_2组成。下部分为曲轴位置传感器由一个带24个凸齿的Ne转子和一个Ne感应线圈组成。

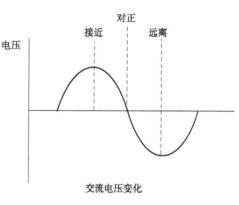

图3-89 交流电压变化情况

G_1和G_2为凸轮轴位置信号，Ne为曲轴位置信号。

发动机转动时，分电器轴带动G转子和Ne转子转动，在对应的线圈中产生感应电压，如图3-90所示。ECU根据电磁线圈产生的脉冲信号来确定发动机转速和各缸的工作位置。

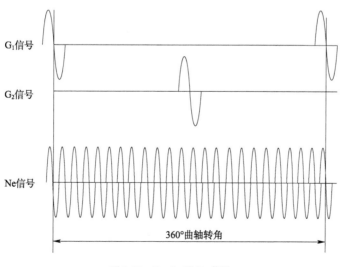

图3-90 G_1、G_2和Ne信号

分电器轴旋转1周,曲轴旋转2周,产生位置信号24个Ne脉冲,每个脉冲对应曲轴转角为30°(720°÷24)。ECU将30°曲轴转角划分为30份,即可检测出1°曲轴转角,用以控制发动机点火提前角和喷油提前角。ECU计算单位时间内产生的脉冲数量,即可得出发动机转速。

该曲轴位置传感器无法判断活塞在汽缸中的位置和汽缸处于何种工作状态。

G_1和G_2信号分别对应第一缸和第四缸压缩行程上止点前120°曲轴转角位置,即可以判断哪个缸处于压缩行程,即将进入做功行程。

提供的是点火和供油提前角的基准时刻。

(3)磁感应式凸轮轴/曲轴位置传感器检修。检测感应线圈的电阻,冷态下的G_1和G_2感应线圈电阻应为125~200Ω,Ne感应线圈电阻应为155~250Ω。

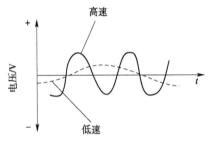

图3-91 振幅、频率和转速的关系

转动分电器轴,用示波器检测传感器信号波形,波形应与图3-87图形一致。如无波形,则为传感器电路断路或接触不良故障。

磁感应式传感器波形特点是:波形的幅值随信号盘转速的增高而变大;频率随转速的增加而变快。图3-91所示为振幅、频率和转速的关系。

2)霍尔式凸轮轴/曲轴位置传感器

(1)传感器构造:传感器的构造如图3-92所示,转子固定在凸轮轴(或分电器轴、曲轴)上,转子为圆桶状,侧面交替开有缺口,永久磁铁对着霍尔元件。

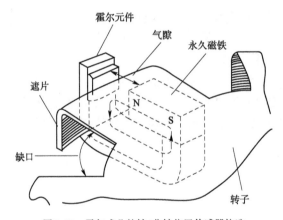

图3-92 霍尔式凸轮轴/曲轴位置传感器构造

(2)传感器工作原理:霍尔元件为一个由半导体材料制成扁平薄片结构,由外部电路提供未定电流通过霍尔元件,当磁力线由与电流方向垂直作用在霍尔元件上时,霍尔元件会产生微弱电压,称为霍尔电压。由于此电压小,一般需要专门电路对此信号进行放大处理,原理如图3-93所示。

当信号盘转动时,如图3-94所示。当信号盘随转子转动时,如果遮片旋转到霍尔元件与永久磁铁之间的气隙时,永久磁铁的磁力线被铁质遮片遮挡,磁力线无法传递到霍尔元件上,霍尔元件中无磁力线通过,将不产生霍尔电压。当信号盘随转子转动时,如果缺口旋转到霍尔元件与永久磁铁之间的气隙时,永久磁铁的磁力线通过缺口,直接作用在霍尔元件上,霍尔元件中有磁力线通过,产生霍尔电压。

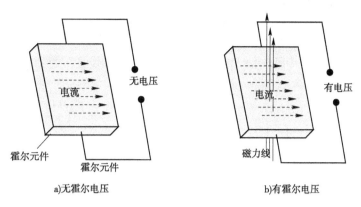

a)无霍尔电压　　　　　　　　b)有霍尔电压

图 3-93　霍尔电压产生原理

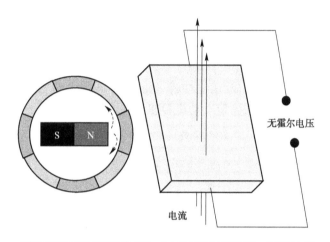

a)信号转子盘遮片转到气隙之间，永久磁铁磁力线被阻断，无霍尔电压

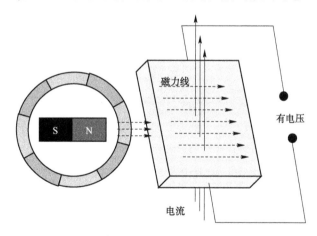

b)信号转子盘缺口转到气隙之间，永久磁铁磁力线传到霍尔元件上，产生电压

图 3-94　霍尔传感器工作原理

霍尔元件产生的霍尔电压与缺口的数量对应，霍尔电压信号接近为数字信号，即为有—无—有—无信号，如图 3-95 所示。该信号可以直接传递到 ECU 进行分析处理。

ECU 根据传感器信号的波形，可计算出发动机转速和发动机转角信号。

霍尔式凸轮轴/曲轴位置传感器举例如下：

美国通用汽车安装的霍尔式凸轮轴/曲轴位置传感器安装在曲轴前端，信号盘有内信号齿和外信号齿组成，如图3-96所示。

外信号齿是曲轴位置传感器信号齿；内信号齿是凸轮轴位置传感器信号齿。

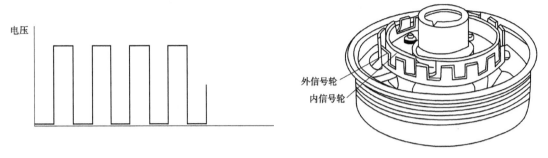

图3-95 霍尔元件波形　　　　　　　　图3-96 霍尔式传感器信号盘

其中，外信号齿有18个缺口，曲轴每旋转1周，产生18个脉冲信号；内信号齿有3个缺口，对应的弧长分别是10°、20°、30°，曲轴每旋转1周，产生3个信号脉冲，脉冲周期均为120°曲轴转角，脉冲下降沿对应汽缸压缩冲程上止点前75°曲轴转角，如图3-97所示。ECU根据霍尔元件产生的脉冲信号来确定发动机转速和各缸所处的行程。

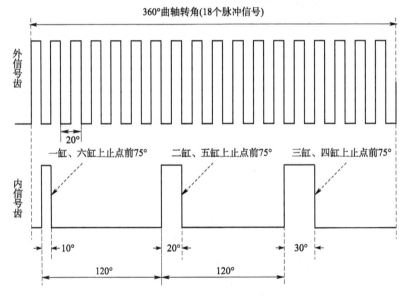

图3-97 曲轴位置、凸轮轴位置信号及其关系

曲轴旋转1周，产生位置信号18个曲轴位置传感器脉冲，每个脉冲对应曲轴转角为20°（360°÷18）。ECU将20°曲轴转角划分为20份，即可检测出1°曲轴转角对应的时间，用以控制发动机点火提前角和喷油提前角。ECU计算单位时间内产生的脉冲数量，即可得出发动机转速。

该曲轴位置传感器无法判断活塞在汽缸中的位置和汽缸处于何种工作状态。

凸轮轴位置传感器信号分别对应各缸压缩行程上止点前75°曲轴转角位置，即可以判断哪个缸处于压缩行程，即将进入做功行程。

提供的是点火和供油提前角的基准时刻。

(3)霍尔式凸轮轴/曲轴位置传感器检修(以颐达轿车传感器为例)。
传感器电路图如图3-98所示。

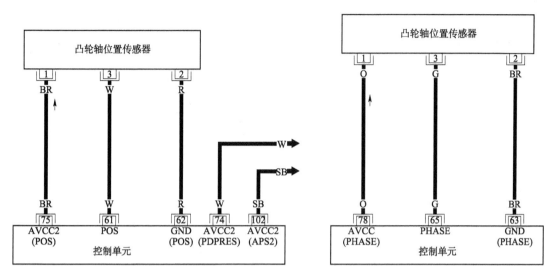

图3-98 曲轴位置、凸轮轴位置电路图

曲轴位置传感器侧线束端子"1"为ECU提供的5V参考电源,端子"2"为传感器搭铁线,端子"3"为曲轴位置传感器信号线。

凸轮轴位置传感器侧线束端子"1"为ECU提供的5V参考电源,端子"2"为传感器搭铁线,端子"3"为曲轴位置传感器信号线。

检测方法及检测标准见表3-5。

霍尔式凸轮轴/曲轴的检测方法及检测标准 表3-5

项目	端口(ECU侧)	检测内容	检测要求	检测结果
曲轴位置传感器	62+搭铁	传感器接地	发动机怠速运转	0V
	75+搭铁	参考电压	点火开关打开	5V
	61+搭铁	传感器信号	怠速运转	方波信号
	61+搭铁	传感器信号	2000r/min运转	方波信号
凸轮轴位置传感器	63+搭铁	传感器接地	发动机怠速运转	0V
	78+搭铁	参考电压	点火开关打开	5V
	65+搭铁	传感器信号	怠速运转	方波信号
	65+搭铁	传感器信号	2000r/min运转	方波信号

3)光电式式凸轮轴/曲轴位置传感器

(1)传感器构造:传感器的构造如图3-99所示。信号盘一般固定在分电器轴上,转子盘为薄片状,外部均布开有细槽,内侧一般均布开有细槽(其中1个槽稍宽)。信号发生器上安装有光敏二极管和发光二极管,两者隔着信号盘相对安装。密封盖用于阻止外部光线对光敏二极管的影响。

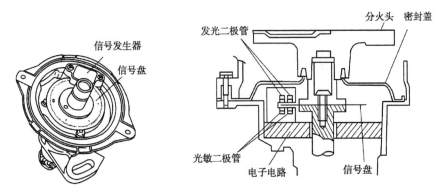

图3-99 光电式凸轮轴/曲轴位置传感器构造

(2)传感器工作原理:当信号盘转动时,如图3-100所示。发光二极管发出的光束,正对光敏二极管。信号盘随转轴转动,当信号盘上的叶片旋转到发光二极管与光敏二极管之间时,光束被切断,光敏二极管电阻变大;当信号盘上的缺口旋转到两者之间时,光束直接照射到光敏二极管上,光敏二极管电阻变小。信号盘连续旋转,信号盘上的叶片和缺口交替通过发光二极管与光敏二极管之间空隙而遮光或透光,光敏二极管就会交替地输出高电平和低电平。信号波形如图3-101所示。

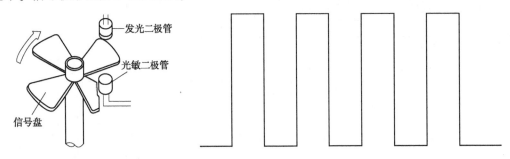

图3-100 光电式传感器工作原理　　图3-101 传感器波形

光电式凸轮轴/曲轴位置传感器举例如下:

日产汽车安装的光电式式凸轮轴/曲轴位置传感器安装在分电器中,信号盘与分电器轴固定,信号盘上有两组信号槽,如图3-102所示。

外部细槽为曲轴位置传感器信号槽;内侧细槽为凸轮轴位置传感器信号槽。

ECU根据传感器信号的波形,可计算出发动机转速和发动机转角信号。

其中,外部细槽有360个,分电器轴旋转1周,产生360个脉冲信号;内侧槽齿有6个缺口,分电器轴旋转1周,产生6个信号脉冲,脉冲上升沿对应汽缸压缩行程上止点前120°曲轴转角,如图3-103所示。

分电器轴旋转1周,曲轴旋转2周,产生位置信号360个曲轴位置传感器脉冲,每个脉冲对应曲轴转角为2°(720°÷360)。每个脉冲的高电压和低电压各对应1°曲轴转角,用以控制发动机点火提前角和喷油提前角。ECU计算单位时间内产生的脉冲数量,即可得出发动机转速。

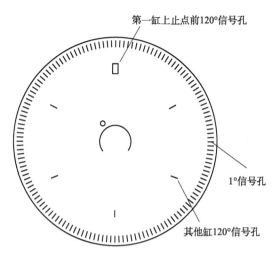

图 3-102　光电式凸轮轴/曲轴位置传感器信号盘构造

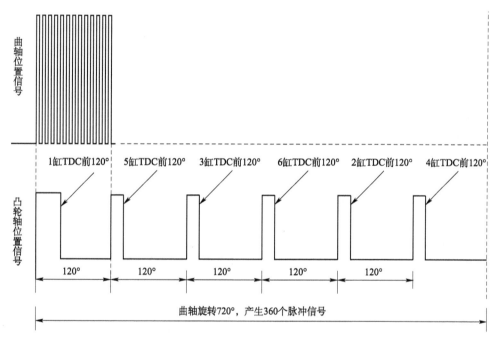

图 3-103　曲轴位置、凸轮轴位置信号及其关系

该曲轴位置传感器无法判断活塞在汽缸中的位置和汽缸处于何种工作状态。

凸轮轴位置传感器信号分别对应各缸压缩行程上止点前 120° 曲轴转角位置,可以判断哪个缸处于压缩行程,即将进入做功行程。

提供的是点火和供油提前角的基准时刻。

项目四 汽油机电控点火系统

任务1 了解电控点火系统的功能

一、点火提前角的控制

1. 点火提前角对发动机性能的影响

为保证发动机具有良好的工作性能,除有合适的混合气外,点火提前角也应随发动机的负荷和转速变化而变化。如点火提前角过大,大部分混合气在压缩过程中燃烧,活塞所消耗的压缩功增加,缸内最高压力升高,末端混合气自燃所需的时间缩短,爆燃倾向增大;如点火提前角过小(点火过迟),燃烧延伸到膨胀过程,燃烧最高压力和温度降低,传热损失增多,排气温度升高,功率降低,爆燃倾向减小,氮氧化物排放降低。

2. 最佳点火提前角确定的依据

(1)发动机转速:随着发动机转速的升高,点火提前角增大。
(2)发动机负荷:随发动机负荷的加大,点火提前角应减小,反之点火提前增加。
(3)燃油辛烷值:辛烷值越高,抗爆性越好,点火提前角可增大,反之应减小。
(4)其他因素:燃烧室形状、燃烧室内温度、空燃比、大气压力、冷却水温度。

3. 控制点火提前角的基本方法

起动时的点火提前角是固定的,一般为10°左右,与发动机工况无关。

4. 起动后的点火提前角控制

实际点火提前角 = 初始点火提前角 + 基本点火提前角 + 修正点火提前角

5. 点火提前角的修正

1)水温修正

(1)暖机修正:冷车起动后,冷却水温度过低,增大点火提前角。点火提前角随温度升高而减小,如图4-1所示。

控制信号有冷却水温度信号、进气歧管压力(或进气量)信号、节气门位置信号。

(2)过热修正:发动机处于正常的工况(IDL触点断),当冷却水过高时,为避免爆震,推迟点火提前角。发动机处于怠速工况(IDL触点通),当冷却水温过高时应增大点火提前角,如图4-2所示。

控制信号有冷却水温度信号、节气门位置信号。

2)怠速稳定性的修正

ECU 根据实际转速与目标转速的差来修正点火提前角,低于目标转速,应增大点火提前角;反之推迟点火提前角。以使实际转速与目标转速一致。

控制信号有发动机转速信号、节气门开度信号、空调信号等。

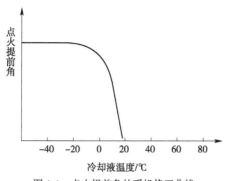
图 4-1 点火提前角的暖机修正曲线

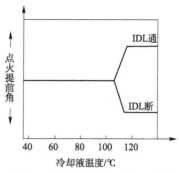
图 4-2 点火提前角的过热修正曲线

3)空燃比反馈修正

根据氧传感器的反馈信号调整喷油量来控制空燃比,喷油量多则点火提前角减小。

二、通电时间的控制

点火时间由进气歧管压力信号(或进气量信号)、发动机转速确定的点火提前角和修正量决定。

1. 通电时间对发动机性能的影响

初级电路被断开的瞬间,初始电流能达到的值与初级电路接通的时间长短有关,只有通电时间达到一定值时,初级电流才可能达到饱和。由于断开电流影响次级电压的最大值,次级电压的高低又直接影响点火系工作的可靠性,所以发动机工作时,必须保证点火线圈的初级电路有足够的通电时间。

2. 通电时间的控制方法

点火线圈初级电路的通电时间由 ECU 控制,根据发动机的转速信号和电源电压信号确定最佳的初级电路闭合角(通电时间),并通过控制点火器输出点火信号(IGt 信号)进行通电时间的控制。

IGt 信号输出后,点火线圈初级线圈通电,在到达最佳点火时间时,IGt 信号消失,发出点火指令,如图 4-3 所示。

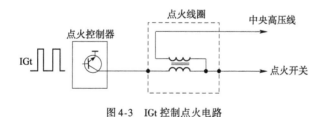

图 4-3 IGt 控制点火电路

三、爆燃的控制

1. 爆燃的危害

爆燃会导致冷却液过热,功率下降,油耗上升。

2. 控制方法

利用爆震传感器检测发动机有无爆震现象,改变点火提前角,保证发动机不产生爆震。

任务 2 掌握点火系统的组成与工作原理

一、点火系统的类型

1. 普通点火系统

(1) 高速易断火,不适合高速发动机。
(2) 断电器触点易烧蚀,工作可靠性差。
(3) 点火能量低,点火可靠性差。

2. 电控点火系统

采用计算机根据各传感器信号对点火提前角进行控制。分为有分电器式和无分电器式2种。

二、基本组成与工作原理

(一)有分电器电控点火系统

1. 基本组成

有分电器电控点火系统一般由电源、传感器、ECU、点火器、点火线圈、分电器和火花塞组成,如图4-4所示。

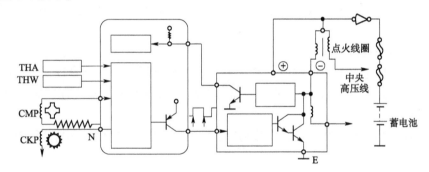

图4-4 电控点火系统基本组成

2. 工作原理

发动机工作时,ECU根据接收到的传感器信号,按存储器中的相关程序和数据,确定出最佳点火提前角和通电时间,并以此向点火器发出指令。点火器根据指令,控制点火线圈初级电路的导通和截止。当电路导通时,电流从点火线圈中的初级电路通过,点火线圈将点火能量以磁场的形式储存起来。当初级电路被切断时,次级线圈中产生高感应电动势,经分电器传送到工作汽缸的火花塞,火花塞点火点燃混合气,实现做功。

(二)无分电器电控点火控制系统

1. 同时点火方式

1) 基本组成

同时点火系统一般由电源、ECU、点火器、点火线圈和火花塞组成,如图4-5所示。其中,点火线圈初级绕组有两组线圈,绕组方向相反,当两组初级绕组交替通断时,在次级线圈中产生方向相反的感应电压。

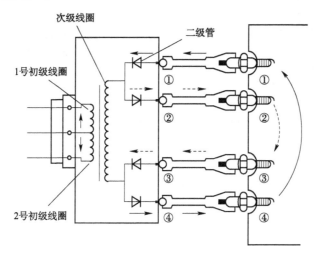

图 4-5 二极管控制式同时点火系统

图 4-6 为点火控制器直接控制的同时点火系统。图 4-7 为同时点火系统用点火线圈实物。

特点：点火线圈的数等于汽缸数的一半。

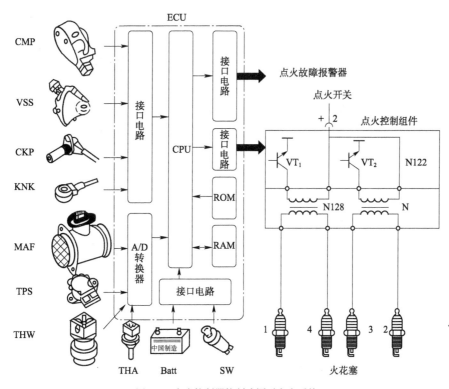

图 4-6 点火控制器控制式同时点火系统

2）工作原理

（1）二极管控制同时点火系统：由于在 4 个火花塞前安装有二极管，当 1 号初级线圈断电时，磁极线圈中产生上正下负的感应电压，电压作用在 1 号和 3 号火花塞上形成回路，两个火花塞同时点火。这时两个缸活塞同时接近上止点（一个缸是压缩，另一个缸是排气），一

61

图4-7 同时点火用点火线圈实物

个火花塞处于高压低温的混合气之中,另一个火花塞处于低压高温的废气中,因此两者的火花塞电极间的电阻完全不一样,产生的能量也不一样,前者为有效点火,后者则为无效点火。有效点火的能量大得多,约占总能量的80%,可以将混合气点燃。

同理,当2号初级线圈断电时,磁极线圈中产生上负下正的感应电压,电压作用在1号和4号火花塞上形成回路,两个火花塞同时点火。

(2)点火控制器控制同时点火系统:1号和4号火花塞共用一组点火线圈,2号和3号火花塞共用一组点火线圈。三极管VT1断电,1号和4号火花塞同时点火,一个火花塞为有效点火,一个火花塞为无效点火;三极管VT2断电,2号和3号火花塞同时点火,一个火花塞为有效点火,一个火花塞为无效点火。

2. 独立点火方式

1)基本组成

独立点火系统一般由初级线圈、次级线圈、铁芯、高压端子、外壳和火花塞组成,解剖图如图4-8所示。图4-9所示为独立点火系统点火模块总成实物。

特点:点火线圈的数量和汽缸数相等,分火性能较好;缺点是结构和控制电路复杂。

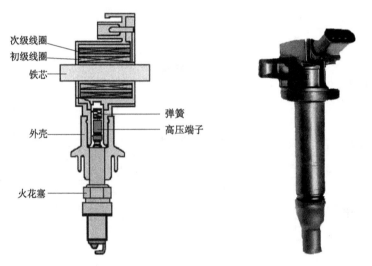

图4-8 点火系统点火模块解剖图   图4-9 点火系统点火模块实物

2)工作原理

独立点火控制点火系统原理如图4-10所示。

发动机ECU根据曲轴位置传感器、爆震传感器等传感器信号,确定基本点火提前角、点火、线圈通电时间及点火汽缸,通过点火控制器控制点火模块工作。每个缸火花塞单独点火。

三、爆燃控制系统

1. 组成

爆燃控制系统主要由ECU、爆震传感器、点火控制器组成。

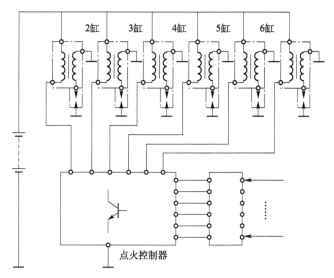

图 4-10 独立控制点火系统

2. 工作原理

安装在缸体上的爆震传感器检测发动机不同频率范围内的机械振动,当 ECU 判断发动机出现爆震时,推迟点火提前角。当 ECU 判断发动机工作时没有爆震,逐步增加点火提前角,发挥发动机功率,如图 4-11 所示。通过爆震传感器传递信号,ECU 对点火提前角进行控制,保证发动机工作时处于接近爆震而未发生爆震的工作状态。

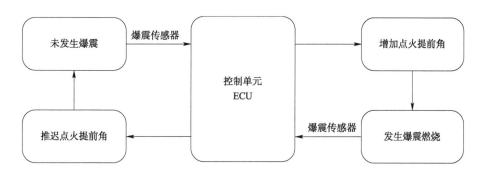

图 4-11 点火提前角闭环控制原理

发动机工作时,振动频繁而且剧烈,为防止爆震传感器将其他原因引起的发动机振动信号传递到 ECU 引起错误判断,ECU 只对每缸点火后的短时间内的爆震传感器信号进行分析,判断发动机是否为爆震工作状态。

3. 爆震传感器(KS)

1)爆震传感器的作用

当发动机发生爆震时,汽缸的振动频率为 5~10kHz,爆震传感器被调整在此频率范围内发生共振,使压电元件变形,输出电压发生变化,ECU 根据电压变化判断发动机是否爆震。

2)爆震传感器的安装位置

爆震传感器安装在发动机缸体侧面,靠近活塞上止点位置,4 缸发动机安装 1 个爆震传感器时,安装在二缸、三缸中间;如果安装 2 个,分别安装在一缸、二缸和三缸、四缸中间,如

图 4-12 所示。图 4-12b)为 V 型气缸排列发动机,安装有 2 个爆震传感器。

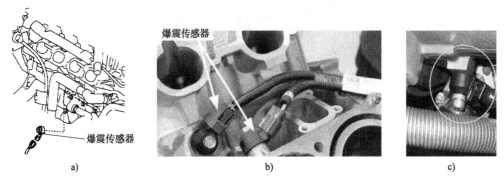

图 4-12 爆震传感器安装位置图

3)爆震传感器的构造及工作原理

(1)传感器构造:目前发动机上多采用共振型压电式爆震传感器,主要由基座、振子、压电元件等组成,其构造如图 4-13 所示。

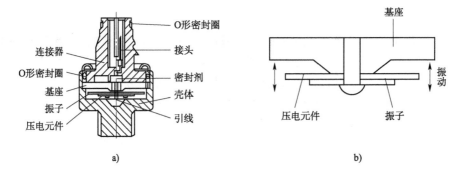

图 4-13 共振型压电式爆震传感器构造

(2)传感器工作原理:发动机工作时,由于发动机的振动引起振子的振动,振子振动时,作用在压电元件上的压力发生变化,压电元件产生电压,并将此信号传送到 ECU。当发动机爆震时,振子由于共振现象,振子的振幅增加,作用在压电元件上的电压急剧升高,ECU 根据此信号判断发动机处于爆震工作状态,推迟点火提前角,如图 4-14 所示。

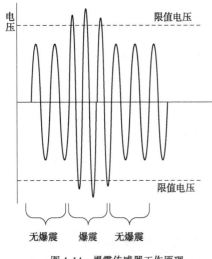

图 4-14 爆震传感器工作原理

4)传感器故障现象

爆震传感器损坏后,为保证发动机在任何工况下都不发生爆震,ECU 将以固定的点火提前角控制发动机工作,将造成发动机功率下降,温度高。同时,仪表板上的发动机故障指示灯点亮。

5)传感器检测

爆震传感器电路图如图 4-15 所示,传感器的"1"端子、"2"端子为信号端子,"3"端子为信号屏蔽线端子。

(1)就车检测:起动发动机值正常温度后,保证发动机转速维持在 2000r/min,用木槌敲击发动机缸体靠近爆震传感器位置时,发动机转速应立刻下降然后又立刻恢复,此现象说明爆震传感器起作用;反之说明爆震传感器或线路出现故障。

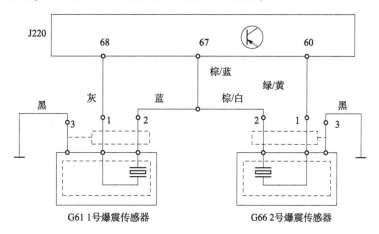

图 4-15　爆震传感器电路图

(2)元器件检测:检测结果见表 4-1。

传感器检测标准及结果　　　　　　　　　　表4-1

序号	检测内容	标准	要　　求	结　　果
1	1 脚 + 2 脚电阻	>1MΩ	断开传感器线束,在传感器端子处测量	如不符合要求,更换传感器
2	1 脚 + 3 脚电阻	>1MΩ	断开传感器线束,在传感器端子处测量	如不符合要求,更换传感器
3	3 脚 + 2 脚电阻	>1MΩ	断开传感器线束,在传感器端子处测量	如不符合要求,更换传感器

元器件用示波器检测,连接好示波器,敲击缸体,改变敲击力度,示波器显示波形应与图 4-14 相似。

爆震传感器固定螺栓扭矩大小直接影响传感器的检测性能,所以固定螺栓的扭矩要严格按照规定拧紧。

项目五 汽油机辅助控制系统

任务1 掌握怠速控制系统的组成及元器件检修

一、怠速控制系统的功能与组成

1. 怠速控制系统的功能

1）起动初始位置的设定

关闭点火开关使发动机熄火后，ECU 继续给怠速控制阀通电一段时间（部分控制阀由复位弹簧作用回位），怠速控制阀回到初始位置，如图 5-1 所示。

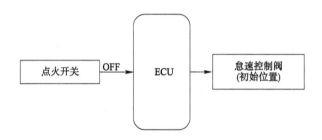

图 5-1 怠速控制系统初始位置设定

2）起动控制

在起动期间，ECU 根据冷却液温度的高低控制怠速控制阀，调节控制阀的开度，保证发动机起动时的进气量。此位置随冷却液温度的变化而变化，如图 5-2 所示。

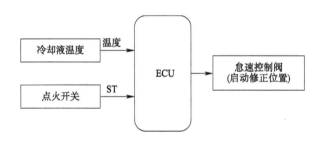

图 5-2 怠速控制起动控制

3）暖机控制

为使发动机冷车起动后迅速达到正常的工作温度，一般利用提高发动机怠速的方法实现发动机起动后的快速暖机过程，此时发动机怠速称为高怠速，转速一般为1200r/min。发动机温度达到70℃后，暖机过程结束，怠速降低到正常怠速800r/min 左右，如图 5-3 所示。

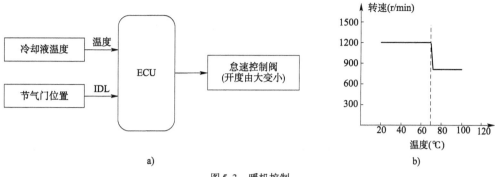

图 5-3 暖机控制

4）怠速稳定控制

当转速信号与确定的目标转速进行比较有一定差值时（一般为 20r/min），ECU 将通过控制怠速控制阀，调节怠速空气供给量，使发动机的实际转速与目标转速相同，如图 5-4 所示。

5）怠速提升控制

在发动机负荷发生变化时，为了避免怠速转速波动或熄火，ECU 会根据各负荷设备开关信号，通过步进电动机提前调节怠速控制阀的开度，如图 5-5 所示。

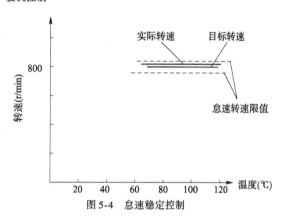

图 5-4 怠速稳定控制

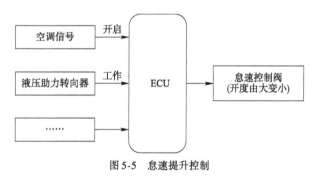

图 5-5 怠速提升控制

6）电器负荷增多时的怠速控制

如电器负荷增大到一定程度时，蓄电池电压会降低，为了保证电控系统正常的供电电压，ECU 根据蓄电池电压调节怠速控制阀的开度，提高发动机怠速转速，以增强发动机的输出功率。

7）学习控制

当怠速控制阀在初始位置时，由于磨损、堵塞等原因导致怠速控制阀性能发生变化，实际的怠速转速与设定的目标转速略有不同，ECU 控制怠速控制阀，使实际怠速转速与目标转速相同，同时 ECU 将调整后的怠速控制阀位置记录在 ECU 的随机存储器内，用于此后对发动机怠速转速的控制过程。

ECU 随机存储器的数据在 ECU 断电后会丢失。

2. 怠速控制系统的组成

怠速控制系统主要由传感器、ECU 和执行元件三部分组成，如图 5-6 所示。

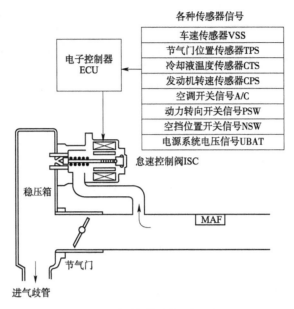

图 5-6 急速控制系统基本组成

3. 急速控制的方法

ECU 通过对急速控制阀通电时间、通电方向的控制，改变急速时发动机的进气量，使发动机在各种运转状态下保持稳定转速。

二、急速控制阀的形式

急速控制阀的主要种类如图 5-7 所示。

图 5-7 急速控制阀的主要种类

节气门直动式急速控制和旁通式空气控制的控制原理如图 5-8 所示。直动式通过节气门的开度变化控制发动机急速；旁通式空气控制通过改变旁通气道的通道大小控制发动机急速。

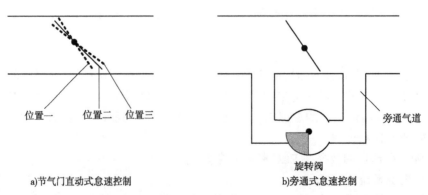

a) 节气门直动式急速控制　　b) 旁通式急速控制

图 5-8 急速控制的原理

1. 节气门直动式怠速控制阀

1）整体式节气门体结构

整体式节气门体主要由直流电动机、减速齿轮机构、丝杠机构和应急弹簧、复位弹簧等组成，结构如图 5-9 所示。

2）整体式节气门体工作原理

当 ECU 控制通电动机通电转动时，经减速齿轮机构减速，再带动扇形齿轮带动节气门轴，控制节气门开度大小，实现对怠速进气量进行控制的目的。

发动机通过改变对电动机输入电流方向，控制电动机的正反转和转动量，以改变节气门开度。

应急弹簧作用是怠速电动机或其控制电路发生断路故障，应急弹簧将拉动节气门至某特定开度，使发动机能够保持应急高怠速运转状态。

由于电动机旋转需要经过减速机构传递到节气门轴，所以控制的响应性略差。

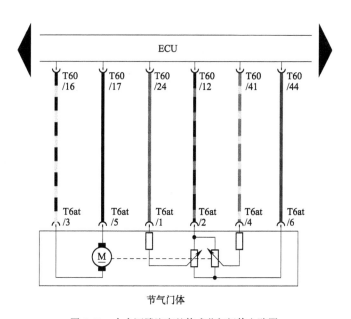

图 5-9　节气门体构造

3）整体式节气门体检修

大众迈腾汽车整体式节气门体与 ECU 连接电路如图 5-10 所示。

图 5-10　大众迈腾汽车整体式节气门体电路图

节气门体线束端子："3"端子和"5"端子为节气门电动机供电线路，ECU 可根据传感器信号，控制电动机正反转。"2"端子为节气门位置传感器供电端子；"6"端子为节气门位置传感器搭铁端子；"1"端子和"4"端子为节气门位置传感器信号输出端子。

节气门体检测内容见表 5-1。

节气门体检测内容　　　　　　　　表5-1

端口	检测内容	检测要求	检测结果
3+5（传感器）	电动机电阻	取下线束插头	<5Ω
2+6（传感器）	电阻	取下线束插头	固定值,参考维修手册
1+2（传感器）	电阻	取下线束插头,用手推动节气门开启、关闭	电阻随节气门开度变化而变化
4+2（传感器）	电阻	取下线束插头,用手推动节气门开启、关闭	电阻随节气门开度变化而变化
2+搭铁（节气门体侧线束）	参考电压	点火开关打开,连接号线束	5V
1+2（节气门体侧线束）	信号电压	点火开关打开,连接号线束、拨动节气门	电阻随节气门开度变化而变化
4+2（节气门体侧线束）	信号点烟	点火开关打开,连接号线束、拨动节气门	

2. 步进电动机型怠速控制阀

1）控制阀的结构

步进电动机主要由转子、定子线圈组成。丝杠机构将步进电动机的旋转运动转变为直线运动,使阀芯做轴向移动,改变阀芯与阀座之间的间隙,如图5-11所示。

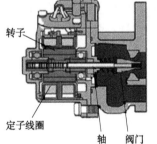

图5-11　步进电动机怠速阀构造

2）步进电动机工作原理

当ECU控制使线圈按1a—2b—2a—2b的顺序通电时,定子磁场顺时针转动,使转子随定子磁场同步转动。同理,步进电动机的线圈按相反的顺序通电时,转子则随定子磁场同步反转。定子有4个爪级,步进电动机每转一步为1/4圈,如图5-12所示。

3）步进电动机式怠速控制阀工作原理

步进电动机由两组16极的铁芯相互交错半个磁极而成,每组铁芯上缠绕两组线圈,绕向相反,两组铁芯4组定子线圈。永久磁铁转子上有16个磁极。

由步进电动机工作原理可以知道,ECU依次给4组线圈通电,则转子随之转动。ECU改变步进电动机定子线圈脉冲的通电顺序,可以改变步进电动机的旋转方向。如图5-13、图5-14所示。步进电动机转动1周,转子旋转32（2组16极）步,角度为11.25°（360÷32）。

当脉冲信号作用在其中一组定子线圈时,转子会转动一定的角度,称为一个步进数。步进数越多,步进角就越小,控制越准确。ECU控制步进电动机步数一般为125步。

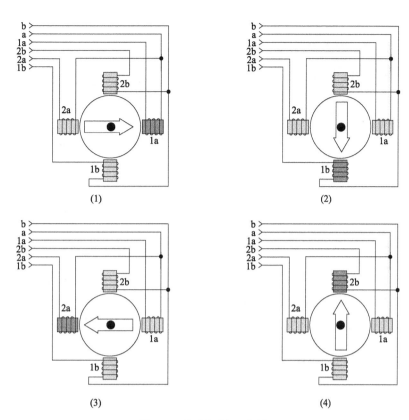

图 5-12 步进电动机工作原理

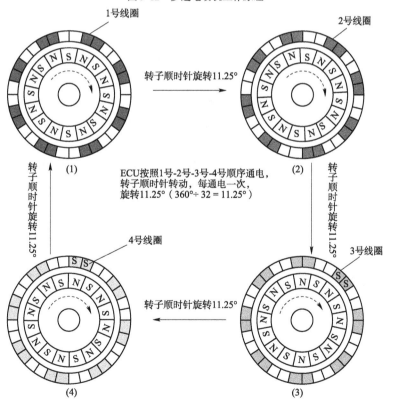

图 5-13 步进电动机顺时针转动

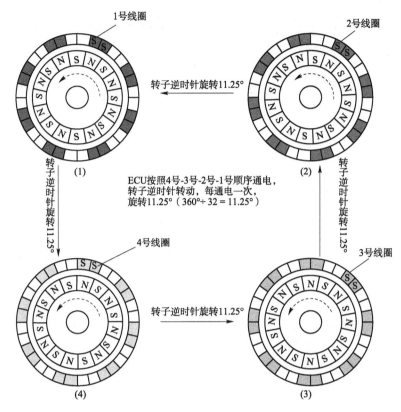

图 5-14 步进电动机逆时针转动

4) 步进电动机急速控制阀控制电路

丰田汽车用步进电动机式急速控制阀如图 5-15 所示。各传感器及符合信号传递到 ECU 后，ECU 以节气门位置传感器和车速传感器等信号，判断发动机是否处于急速工作状态，然后根据水温传感器及其他负荷信号，确定发动机目标转速后，发出控制指令，按顺序接通步进电动机线圈，控制步进电动机正（反）转，调整实际急速转速与目标转速一致。点火开关旋转至"OFF"，ECU 主继电器控制电路输出 12V 电压，使主继电器保持在"ON"位置，急速控制阀移动到全开位置，然后 ECU 切断主继电器线圈电路。目的使发动机容易起动。

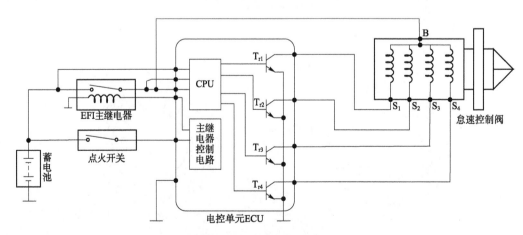

图 5-15 步进电动机控制电路

5)急速控制阀的检修

检修时注意:不要用手推拉控制阀,以免损坏丝杠机构的螺纹;不要将控制阀浸泡在任何清洗液中,以免步进电动机损坏;安装时,检查密封圈好坏,并在密封圈上涂少量润滑油。

(1)拆下控制阀线束连接器,点火开关置"ON",不起动发动机,分别检测 B 与搭铁间的电压,为蓄电池电压。

(2)起动发动机后熄火,2～3s 内在急速控制阀附近应能听到内部发出的"嗡嗡"响声。

(3)拆下控制阀线束连接器,测量 B1 与 S1 和 S3、B2 与 S2 和 S4 之间的电阻,应为 10～30Ω。

(4)拆下急速电磁阀,将蓄电池正极接至 B 端子,负极按顺序依次接通 S1—S2—S3—S4 端子时,随步进电动机的旋转,控制阀应向外伸出;若负极按反方向接通 S4—S3—S2—S1 端子,则控制阀应向内缩回,如图 5-16 所示。

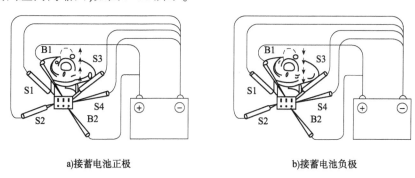

a)接蓄电池正极　　　b)接蓄电池负极

图 5-16　步进电动机型急速控制阀工作情况检查

3. 旋转电磁阀型急速控制阀(双线圈型)

1)控制阀的结构

急速控制阀安装在节气门体上,如图 5-17 所示。双线圈转阀式急速控制阀由两个电磁线圈、永久磁铁、双金属片和转阀等组成,如图 5-18 所示。

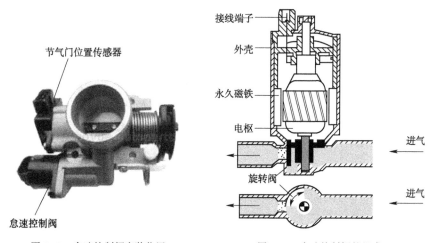

图 5-17　急速控制阀安装位置　　　图 5-18　急速控制阀的组成

两个电磁线圈通电后所产生的磁场同极相对,共同对转轴上的永久磁铁产生作用力,一组线圈的磁场使转阀开度增大,另一组线圈的磁场使转阀开度减小。当两个线圈产生的磁场强度相同时,转阀处于中间位置;当两个线圈磁场强度不同时,转阀产生偏转,急速随之增大或减小。

双金属片制成的卷簧起保护作用。当冷却液温度变化时,双金属片变形,带动挡块转动,从而改变阀轴转动的两个极限位置,以控制怠速控制阀的最大开度和最小开度。

转阀的最终位置取决于两个磁场强度与双金属片弹力的平衡状态。

当线圈发生断路时,会引起怠速会过低或过高。

2)控制阀的工作原理

ECU 控制旋转电磁阀型怠速控制阀工作时,控制阀的开度是通过控制两个线圈的平均通电时间(占空比)来实现的。ECU 控制两个线圈的通电或断开,改变两个线圈产生的磁场,两线圈产生的磁场与永久磁铁形成的磁场相互作用,可改变控制阀的位置,从而调节怠速空气口的开度,以实现怠速控制。

3)控制阀的检修

(1)拔下怠速控制阀连接器,从节气门体上拆下怠速控制阀,测量怠速控制阀两个线圈的电阻:电阻值都应该为 17~24.5Ω(丰田 5A-FE 发动机用怠速控制阀数据)。如不符合要求,则更换怠速控制阀。

(2)用万用表测怠速控制阀两个线圈的搭铁情况:测线圈端子与搭铁之间的电阻,应为无穷大。不符合要求,则更换怠速控制阀。

(3)分别向怠速控制阀的两组线圈端子之间提供 12V 电压(时间不超过 1s),看怠速控制阀是否动作。如无动作,则更换怠速控制阀。

(4)用万用表检查怠速控制阀连接器线束侧与 ECU 的线路连接情况,如有断路则查找断点并进行维修。

(5)检查旁通气道有无污物阻塞情况,如有则进行清洁。

4. 占空比控制电磁阀型怠速控制阀(单线圈型)

1)控制阀的结构

控制阀的结构主要由阀、阀杆、线圈和弹簧等组成,如图 5-19 所示。

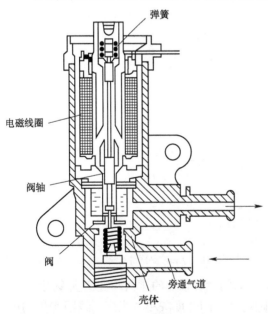

图 5-19 怠速控制阀结构

2)控制阀的工作原理

控制阀的开度取决于线圈产生的电磁力大小,与旋转阀型怠速控制阀相同。ECU 是通过控制输入线圈脉冲信号的占空比来控制电场强度,以调节控制阀的开度,从而实现怠速空气量的控制。

发动机 ECU 向 IC(集成电路)发送一定频率的方波信号,再由 IC 控制电磁线圈的工作电流,ECU 只要改变方波信号的占空比,即可改变转阀的开度。

如果发生电流中断故障,转阀会在永久磁铁的作用下打开至某一固定开度,保证怠速通断的导通。

3)控制阀的检修

(1)拔下怠速控制阀连接器,从节气门体上拆下怠速控制阀;重新连接怠速控制阀的连接器;接通点火开关,检查怠速控制阀的工作情况。正常情况为:怠速控制阀在 0.5s 内,从半开到全关,再到全开,最后半开。

如果怠速控制阀无动作,则用万用表检查怠速控制阀与 ECU 之间的线路、ECU 的电源电路、ECU 的搭铁电路。如都正常,则更换怠速控制阀。

由于该怠速控制阀内部有一个 IC 电路,所以不能直接测量线圈的电阻。

(2)检查旁通气道有无污物阻塞情况,如有则进行清洁。

任务2 掌握进气控制系统的组成及元器件检修

一、动力阀控制系统

1. 动力控制阀的功用

根据发动机不同的负荷,改变进气流量以改善发动机的动力性能。

2. 动力控制阀控制系统工作原理

受真空控制的动力阀在进气管上,控制进气管空气通道的大小,如图 5-20 所示。发动机小负荷运转时,受 ECU 控制的真空电磁阀关闭,真空室的真空度不能进入动力阀上部的真空室,动力阀关闭,进气通道变小,发动机输出小功率;当发动机负荷增大时,ECU 根据转速、温度、空气流量信号将真空电磁阀电路接通,真空电磁阀打开,真空室的真空度进入动力阀,将动力阀打开,进气通道变大,发动机输出大的扭矩和功率。

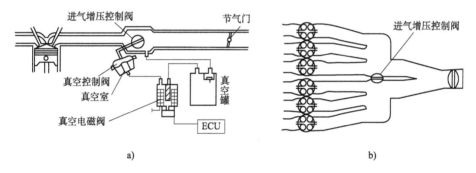

图 5-20 动力控制阀控制系统

3. 动力控制阀系统检修

主要检查真空罐、真空气室和真空管路有无漏气,真空电磁阀电路有无短路或断路。

二、谐波增压控制系统(ACIS)

1. 谐波增压系统的作用

谐波增压控制系统是利用进气流惯性产生的压力波提高进气效率。

2. 谐波增压控制的原理

当气体高速流向进气门时,如进气门突然关闭,进气门附近气流流动突然停止,但由于惯性,进气管仍在进气,于是将进气门附近气体被压缩,压力上升。当气体的惯性过后,被压缩的气体开始膨胀,向进气气流相反方向流动,压力下降。膨胀气体的波传到进气管口时又被反射回来,形成压力波。

一般而言,进气管长度较长时,压力波较长,可使发动机中低转速区功率增大,如图 5-21

所示;进气管长度较短时,压力波波长短,可使发动机高速区功率增大,如图5-22所示。

图5-21 发动机低速状态　　图5-22 发动机高速状态

3. 波长可变的谐波进气增压控制系统举例

丰田皇冠车型 2JZ—GE 发动机采用在进气管增设一个大容量的空气室和电控真空阀,以实现压力波传播路线长度的改变,从而兼顾低速和高速的进气增压效果,如图5-23所示。

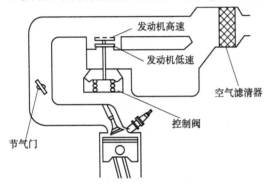

图5-23 动力阀控制系统

系统工作原理如图5-23所示。ECU 根据转速信号控制电磁真空通道阀的开闭。低速时,电磁真空孔道阀电路不通,真空通道关闭,真空罐的真空度不能进入真空气室,受真空气室控制的进气增压控制阀处于关闭状态。此时进气管长度较长,压力波长大,以适应低速区域形成气体动力增压效果,如图5-24所示。高速时,ECU 接通电磁真空道阀的电路,真空通道打开,真空罐的真空度进入真空气室,吸动膜片,从而将进气增压控制阀打开,由于大容量空气室的参与,缩短了压力波的传播距离,使发动机在高速区域也得到较好的气体动力增压效果,如图5-25所示。

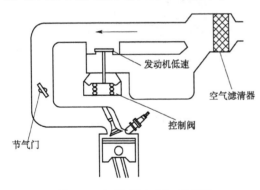
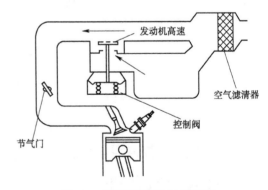

图5-24 发动机低速动力工作情况　　图5-25 发动机高速动力工作情况

三、可变配气相位控制系统(VTEC)

1. VTEC 机构的构造

同一缸有主进气门和次进气门;主摇臂驱动主进气门,次摇臂驱动次进气门;中间摇臂在主次之间,不与任何气门直接接触。

VTEC 配气机构与普通配气机构相比较,主要区别是凸轮轴上的凸轮较多,且升程不等,结构复杂，如图5-26所示。

2. VTEC机构的工作原理

根据发动机转速、负荷等变化来控制VTEC机构工作，改变驱动同一汽缸两进气门工作的凸轮，以调整进气门的配气相位及升程，并实现单进气门和双进气门工作的切换。

发动机低速运转时，电磁阀不通电使油道关闭，此时3个摇臂彼此分离，主凸轮通过摇臂驱动主进气门，中间凸轮驱动中间摇臂空摆；次凸轮的升程非常小，通过次摇臂驱动次进气门微量开启，形成进气涡流，中间凸轮不对进气门的工作产生任何影响，如图5-27所示。

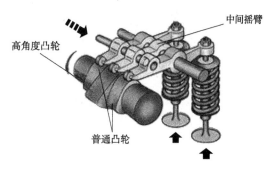

图5-26 VTEC结构

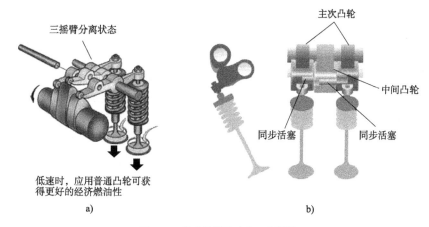

图5-27 发动机低速动力工作情况

当发动机高速运转，ECU向VTEC电磁阀供电，使电磁阀开启，来自润滑油道的机油压力作用在正时活塞一侧，此时两个活塞分别将主摇臂和次摇臂与中间摇臂接成一体，成为一个组合摇臂。此时，中间凸轮升程最大，组合摇臂受中间凸轮驱动，两个进气门同步工作，如图5-28所示。

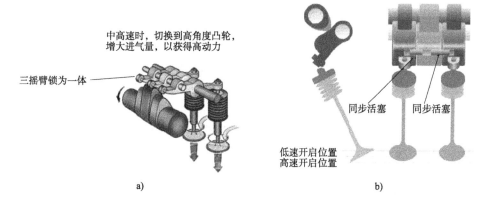

图5-28 发动机高速动力工作情况

当发动机转速下降到设定值，ECU切断电磁阀电流，正时活塞一侧油压下降，各摇臂油缸孔内的活塞在回位弹簧作用下，3个摇臂彼此分离而独立工作，如图5-27所示。

3. VTEC 系统的检测

发动机不工作时,拆下气门室罩,转动曲轴分别使各缸处于压缩上止点位置,用手按压中间摇臂,应能与主摇臂和次摇臂分离单独运动。

在使用中,VTEC 电磁阀或电路有故障,按以下进行检查:

(1)清除故障码,重新调取故障码。

(2)关闭点火开关,拆开 VTEC 电磁阀线束,测电磁阀线圈电阻应为 14~30Ω。

(3)检查 VTEC 电磁阀与 ECU 之间的接线。

(4)连接好机油压力表,起动发动机。当工作温度正常时,检查发动机转速分别为 1000r/min、2000r/min 和 4000r/min 时的机油压力。

任务3 掌握增压控制系统的组成及元器件检修

一、增压控制系统概述

废气涡轮增压器通过对进入发动机的空气进行压缩来增加进气量。它利用发动机排出的废气惯性冲力来推动涡轮室内的废气涡轮旋转,废气涡轮又带动同轴的进气涡轮压送由空气滤清器管道送来的空气,使之增压进入汽缸。进入汽缸的空气压力和密度增大,可以燃烧更多的燃料,相应增加燃料量和调整发动机的转速,就可以增加发动机的输出功率。

发动机 ECU 根据发动机进气压力的大小,控制增压装置的工作,以达到控制进气压力、提高发动机动力性和经济性的目的。

二、增压器

1. 涡轮增压器的结构

涡轮增压器安装在发动机进排气管交叉处,由泵轮、涡轮、泵轮轴、壳体等组成。

为了控制增压效果,在排气管上有旁通阀,可以改变废气冲击废气涡轮的强度,改变涡轮增压器的工作性能。

由于通过压缩的空气温度会升高,影响总的进气质量,所以发动机普遍采用中冷装置对增压后的空气进行冷却,如图 5-29 所示。

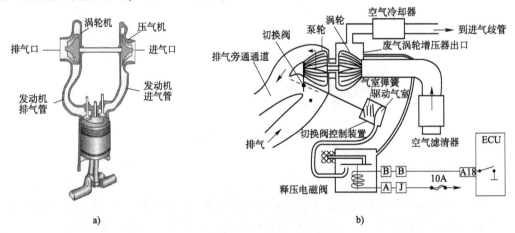

图 5-29 增压控制系统的组成

2. 废气涡轮增压器分类

(1) 按照涡轮数量分类,如图 5-30 所示。

图 5-30 按照涡轮数量分类

(2) 根据所用涡轮不同分类,如图 5-31 所示。

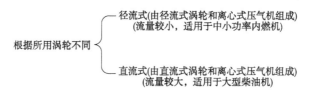

图 5-31 根据所用涡轮不同分类

3. 废气涡轮增压的原理

如图 5-32 所示,发动机工作时,废气通过排气管,直接吹在涡轮增压器的废气涡轮上,废气涡轮转动,带动进气涡轮同时转动,将空气压至进气道,经过中冷器,增加了进气管的空气密度和压力,可以提高发动机的充气效率。

如图 5-32a)所示,此时进气管压力低于旁通阀控制阀弹簧弹力,旁通阀处于关闭状态,发动机废气全部通过增压器的废气涡轮,此时废气涡轮以高速运转,增加增压效果。

如图 5-32b)所示,此时进气管压力高于旁通阀控制阀弹簧弹力,旁通阀开启,发动机一部分废气不经过涡轮增压器通过旁通道排出,另一部分通过废气涡轮,此时废气涡轮降低运转速度,减小增压效果,进气管压力降低。当进气管压力降低到一定值时,旁通控制阀弹簧弹力高于进气管气体压力,旁通阀关闭,进气管压力升高。

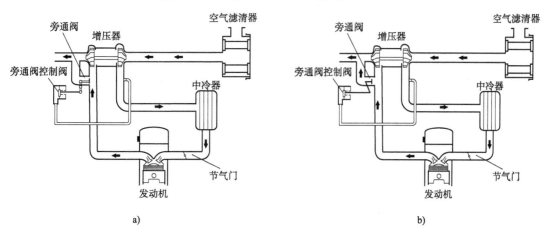

图 5-32 废气涡轮增压原理图

4. 增压器的检修

(1) 废气涡轮增压器工作性能的判断

测量发动机进气歧管压力。在涡轮增压器起作用时应当进气管压力应大于 102kPa;在发动机熄火后,进气歧管的压力等于大气压力。

(2)检查增压器是否漏气

①空气滤清器至增压器压气机进气口之间的接头处,此处漏气还会引起汽缸的过早磨损,加速增压器的损坏。

②增压器的进气口和排气接口处漏气。

③增压器至进气歧管之间的连接胶管,此处漏气会使进气压力下降,导致发动机的动力不足。

(3)检查涡轮增压器处是否有机油泄漏。

5. 增压器的使用注意事项

(1)低温起动发动机时,由于温度较低,润滑油黏稠,不易流动。为保证增压器轴承的润滑和冷却,起动后不能急加速或使发动机处于高速状态。

(2)长时间行车后,发动机应在急速运转一段时间后再熄火,目的是确保增压器轴承持续的润滑和冷却。

任务4　掌握排放控制系统的组成及元器件检修

一、汽油蒸气排放(EVAP)控制系统

1. EVAP 控制系统功能

汽车油箱内的燃油受热蒸发,会造成燃油箱内压力升高,为防止油箱胀裂损坏,同时不使燃油蒸气挥发到大气中造成浪费和污染,通过活性炭罐对燃油蒸气进行收集,并在一定条件下,根据发动机工况,将汽油蒸气引入到汽缸参加燃烧,同时控制导入汽缸参加燃烧的汽油蒸气量。

2. EVAP 控制系统的组成

如图 5-33 所示,油箱的燃油蒸气通过止回阀进入活性炭罐上部,空气从活性炭罐下部进入,在活性炭罐上方有一定量排放小孔及受 ECU 控制的电磁阀,电磁阀控制发动机进气管与活性炭罐之间的空气管路。

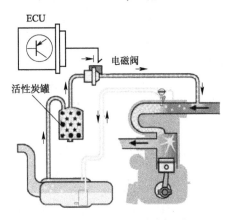

图 5-33　EVAP 控制系统组成

3. EVAP 控制系统的工作原理

发动机工作时,ECU 根据发动机转速、温度、空气流量等信号,控制装在活性炭罐与进气管之间的电磁阀。发动机熄火后,汽油蒸气储存在活性炭罐中,当发动机起动后,活性炭罐与进气歧管之间的电磁阀门打开,活性炭罐内的汽油蒸气在进气管的真空度作用下被进入活性炭罐的空气带入汽缸内参加燃烧。

4. EVAP 控制系统的检测

(1)检查管路有无破损或漏气,炭罐壳体有无裂纹,每行驶 20000km 应更换活性炭罐底部的进气滤心。

(2)拆下真空控制阀,用手动真空泵由真空管接头给真空控制阀施加约 5kPa 真空度时,从活性炭罐侧孔吹入空气应畅通,不施加真空度时,吹入空气则不通。

(3)拆开电磁阀进气管一侧的软管,用手动真空泵由软管接头给控制电磁阀施加一定的真空度,电磁阀不通电时应能保持真空度,若接蓄电池电压,真空度应释放。测量电磁阀两端子间电阻应符合维修手册技术规范。

二、废气再循环控制系统(EGR)

1. EGR 控制系统功能

将适当的废气重新引入汽缸参加燃烧,从而降低汽缸的最高温度,以减少氮氧化物的排放量。

氮氧化物为高温富氧生成物,降低发动机最高温度,可以有效减少尾气中氮氧化物的排放。

2. EGR 控制系统的组成

EGR 控制系统主要由冷却器、EGR 阀和真空调节电磁阀等组成,如图 5-34 所示。

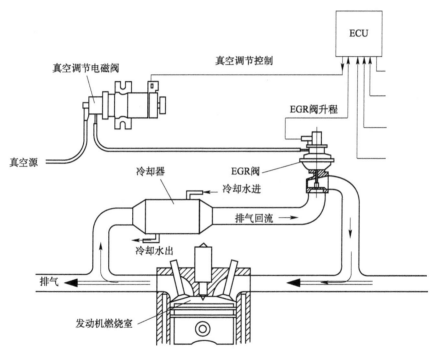

图 5-34 EGR 组成

3. EGR 控制系统的原理

EGR 阀安装在废气再循环通道中,用以控制废气再循环量。真空调节电磁阀(EGR 电磁阀)安装在通向 EGR 真空通道中,ECU 根据发动机冷却液温度、节气门开度、转速和起动等信号来控制电磁阀的通电或断电。真空调节电磁阀(EGR 电磁阀)断电时,控制 EGR 阀的真空通道接通,EGR 阀开启,进行废气再循环;ECU 给 EGR 电磁阀通电时,控制 EGR 阀的真空度通道被切断,EGR 阀关闭,停止废气再循环。

EGR 阀升程传感器,将 ECU 实际 EGR 阀的开度大小转换成电信号,传递给 ECU,ECU 根据此反馈信号修正 EGR 电磁阀的开度,使 EGR 率保持在最佳值。其中 EGR 率为:

$$\text{EGR 率} = \frac{\text{EGR 量}}{\text{进气量} + \text{EGR 量}} \times 100\%$$

4. EGR 控制系统的检修

(1)拆下 EGR 阀上的真空软管,发动机转速应无变化,用手触试真空软管应无真空吸力;发动机温度达到正常工作温度后,急速时检查结果应与冷机时相同;若转速维持在 2500r/min 左右,拆下真空软管,发动机转速有明显变化。

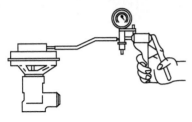

图 5-35 EGR 阀的检查

(2)冷态测量真空控制电磁阀电阻应符合规定值。电磁阀不通电时,从进气管侧吹入空气应畅通;从另一侧吹入空气,应吹不通;通电后,应可以吹通。

(3)如图 5-35 所示,用手动真空泵给 EGR 阀膜片上方施加约 15kPa 的真空度,EGR 阀应能开启;不施加真空度,EGR 阀应能完全关闭。

三、三元催化转换器(TWC)与空燃比反馈控制系统

1. TWC 功能

利用转换器中的三元催化剂,将汽车尾气排出的一氧化碳(CO)、碳氢化合物(HC)和氮氧化物(NOx)等有害气体通过氧化和还原作用转变为无害的二氧化碳、水和氮气,从而降低尾气的排放污染。

2. TWC 的构造

如图 5-36 所示,三元催化反应器类似消声器,它的外部用双层不锈薄钢板制成筒形,在双层薄板夹层中装有绝热材料。

三元催化器的内部是一块多孔陶瓷材料,在陶瓷材料上面覆盖着一层铂、铑、钯等贵重金属,作为氧化反应和还原反应的催化剂,可以提高转化效率。

三元催化器是安装在汽车排气系统中最重要的机外净化装置。

   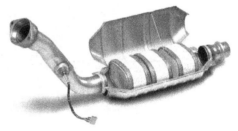

a)三元催化反应器外观图　　　　　　　　b)三元催化反应器解剖图

图 5-36 三环催化反应器结构

3. TWC 的工作原理

当高温的汽车尾气通过净化装置时,三元催化器中的催化剂将增强 CO、HC 和 NO_x 3 种气体的活性,使其进行一定的氧化—还原化学反应。其中,CO 在高温下氧化成为无害的 CO_2;HC 化合物在高温下氧化成水(H_2O)和 CO_2;NO_x 还原成 N_2 和 O_2;从而使 3 种有害气体变成无害气体。

4. 影响 TWC 转换效率的因素

(1)混合气的浓度对 TWC 转换效率的影响。只有在理论空燃比 14.7:1 附近,三元催化转化器的转化效率最佳,如图 5-37 所示。3 条曲线分别对应不同混合气浓度燃烧后三元催化反应器对 CO、HC 和 NO_x 的转换效率。由图可看出,浓混合气燃烧后,三元催化反应器对 NO_x

的转换效率高,对 CO、HC 的转换效率低;稀混合气燃烧后,三元催化反应器对 NO_x 的转换效率低,对 CO、HC 的转换效率高;在理论空燃比(14.7∶1)浓度附近混合气燃烧后,三元催化反应器对 CO、HC 和 NO_x 的转换效率都高。为提高转换效率,要求发动机混合气处于理论空燃比附近,如图 5-37 中阴影部分所示。

为保证混合气的浓度处于理论空燃比附近,一般都通过氧传感器检测废气中氧的浓度,氧传感器信号输送给 ECU,ECU 对空燃比进行反馈控制。

(2)排气温度对 TWC 转换效率的影响。发动机的排气温度过高(815℃以上),TWC 转换效率将明显下降。

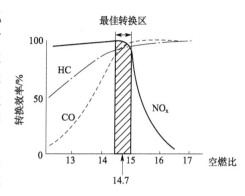

图 5-37 空燃比对三环催化反应器转换效率的影响

四、氧传感器

1. 氧传感器的作用

检测进入发动机废气中的氧含量,将信号传递到 ECU,ECU 根据反馈信号修正喷油器喷油脉宽,从而调整喷油量。

氧传感器一般有 2 种类型,如图 5-38 所示。

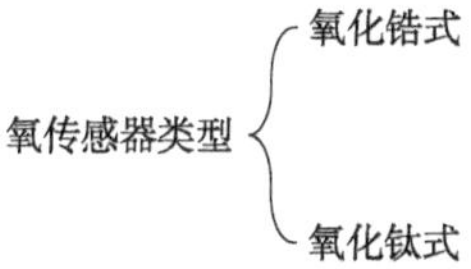

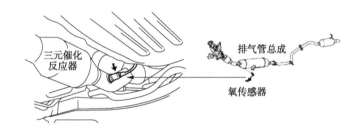

图 5-38 氧传感器的类型

2. 氧传感器的安装位置

氧传感器安装在发动机排气管路上,位于三元催化反应器之前,如图 5-39 所示。

有些车辆安装 2 只氧传感器,分别位于三元催化反应器前和后,如图 5-40 所示。三元催化反应器前的氧传感器称为主氧传感器或前氧传感器,三元催化反应器后的氧传感器称为副氧传感器或后氧传感器。

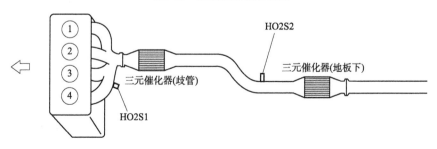

图 5-39 氧传感器安装位置图

图 5-40 双氧传感器安装位置图

主副氧传感器的作用是监测三元催化反应器的工作性能。

3. 氧传感器的构造及工作原理

1) 氧化锆式氧传感器

(1) 传感器构造:在敏感元件氧化锆的内外表面覆盖一层铂,外侧与大气相同。传感器的构造由氧化锆、电极、加热器、陶瓷外套、外壳等组成,如图5-41所示。

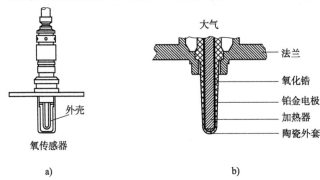

图5-41 氧化锆式氧传感器构造

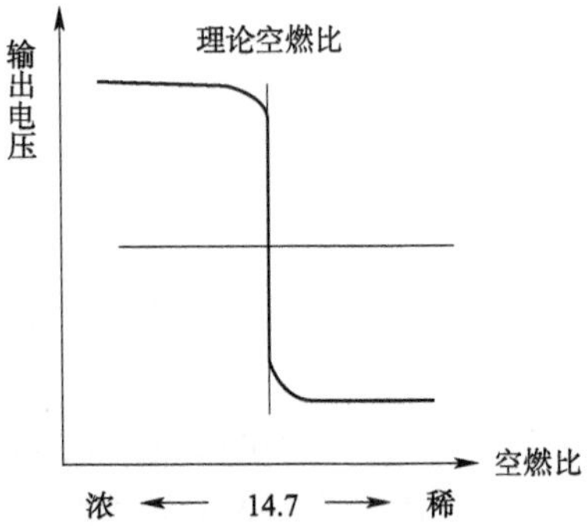

(2) 传感器工作原理:在400℃以上的高温时,若氧化锆内外表面处气体中氧的浓度有很大差别,由于锆管内外两侧离子浓度不同,产生氧离子扩散,在铂电极之间将会产生电压。

当混合气稀时,排气中氧的含量高,传感器元件内外侧氧的浓度差小,氧化锆元件内外侧两极之间产生的电压很低(接近0V);反之,如排气中几乎没有氧,内外侧之间的电压高(约为1V)。在理论空燃比附近,氧传感器输出电压信号值有一个突变,也称为氧浓度开关传感器,如图5-42所示。

图5-42 氧传感器信号随空燃比变化而变化

2) 氧化钛式氧传感器

(1) 传感器构造:二氧化钛式氧传感器的外形和氧化锆式氧传感器相似,在传感器前端的护罩内是一个二氧化钛元件,如图5-43所示。其内部有两个氧化钛元件,一个是多孔性的二氧化钛陶瓷,用来感测排气中的氧含量;另一个是实心的二氧化钛陶瓷,用来作加热调节,补偿温度的误差。传感器外面套有带孔槽的金属防护套。传感器接线端用橡胶作密封材料,防止外界气体渗入。

(2) 传感器工作原理:氧化钛式氧传感器是利用二氧化钛材料的电阻值随排气中氧含量的变化而变化的特性制成的,故又称电阻型氧传感器。纯二氧化钛在常温下是一种高电阻的半导体,但表面一旦缺氧,电阻随之减小,氧化钛式氧传感器正是利用这一特性来检测排气中的氧含量。由于二氧化钛的电阻也随温度不同而变化,因此在二氧化钛式氧传感器内部也有一个电加热器,以保持氧化钛式氧传感器在发动机工作过程中的温度恒定不变。

由于二氧化钛半导体材料的电阻会随排气中氧浓度的变化而变化,所以氧化钛式氧传感器的信号源相当于一个可变电阻。该传感器的输出特性如图5-44所示。当发动机混合气稀(A/F大于14.7)时,排气中氧含量多,氧化钛管外表面氧浓度大,二氧化钛呈现低电阻;氧化钛式氧传感器的电阻在混合气空燃比14.7(A/F约为14.7)时产生突变;当发动机混合气浓（A/F 小于 14.7）时,二氧化钛呈现高电阻。

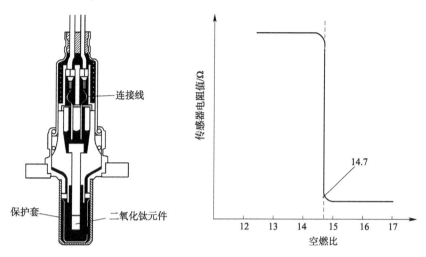

图 5-43 氧化钛式氧传感器构造　　图 5-44 氧化钛式氧传感器电阻变化

氧化钛式氧传感器电路图如图 5-45 所示。ECU 通过检测固定电阻上的电压值,即可判断混合气浓度,进行喷油量的修正调整。

ECU 提供 5V 电压,经过固定电阻和氧传感器后搭铁,当尾气中氧含量发生变化引起氧传感器的电阻发生变化时,通过检测信号端电压大小,即可检测混合气浓度,不同混合气浓度对应的信号电压情况如图 5-45 所示。

ECU 提供 5V 电压,经过固定电阻和氧传感器后搭铁,当尾气中氧含量发生变化引起氧传感器的电阻发生变化时,通过检测信号端电压大小,即可检测混合气浓度。混合气浓度高,则传感器信号电压高;混合气浓度低,则传感器信号电压低。

4. 传感器的故障现象

氧传感器一旦出现故障,ECU 接收不到排气管中氧浓度的信息,因而不能对空燃比进行反馈控制,会使发动机油耗和排气污染增加,发动机出现怠速不稳、缺火、喘振等故障现象。

5. 氧传感器故障产生原因

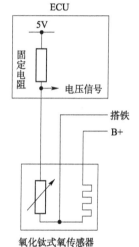

图 5-45 氧化钛式氧传感器的电路图及信号产生原理

（1）氧传感器中毒

①铅中毒:使用含铅汽油后,由于过高的排气温度,使铅覆盖在氧传感器(锆管)表面,阻碍氧离子的扩散,导致氧传感器失效。

②硅中毒:汽油和润滑油中含有的硅化合物燃烧后生成的二氧化硅,硅橡胶密封垫圈使用不当散发出的有机硅气体,与空气一起进入发动机的灰尘等,都会使氧传感器失效。

（2）积炭:如果发动机燃烧不好,在氧传感器表面形成积炭,使氧传感器输出的信号失准。

（3）氧传感器陶瓷碎裂:氧传感器的陶瓷硬而脆,用硬物敲击或用强烈气流吹洗,都可能使其碎裂而失效。

（4）加热器电阻丝烧断:对于加热型氧传感器,如果加热器电阻丝烧蚀,就很难使传感器达到正常的工作温度而失去作用。

(5)氧传感器内部线路断脱。

6. 传感器检测

1)氧传感器外观颜色的检查

从排气管上拆下氧传感器,检查传感器外壳上的通气孔有无堵塞,陶瓷芯有无破损。如有破损,则应更换氧传感器。

(1)淡灰色顶尖:说明氧传感器正常。

(2)白色顶尖:说明氧传感器为硅中毒,需更换氧传感器。

(3)棕色顶尖:说明氧传感器为铅中毒,需更换氧传感器。

(4)黑色顶尖:由积碳造成,在排除发动机积炭故障后,一般可以自行消除氧传感器上的积炭。

2)氧化锆式氧传感器

(1)氧化锆式氧传感器电路图如图 5-46 所示。当点火开关接通时,经 EFI 继电器给氧传感器的"+B"端子提供蓄电池电压,对氧传感器进行加热。"E2"端子和"OX1B"端子为传感器的信号端子。

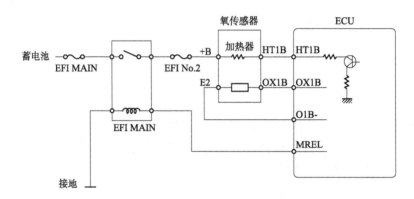

图 5-46　4 线氧传感器电路图

(2)氧化锆式氧传感器的检测

①检测加热器电阻:丰田 LS400 在 20℃时线圈阻值应为 5.1~6.3Ω。

②检测供电电压:打开点火开关,信号电压应为蓄电池电压。

③检测氧传感器输出信号端子电压。发动机运转值正常温度,然后反复踩加速踏板,并用万用表电压挡测量氧传感器输出信号电压,加速时应为高电压信号,减速时应输出低电压信号。(万用表量程选择为 2V)

④检测氧传感器输出信号端子波形。发动机运转值正常温度,然后反复踩加速踏板,并用万用表电压挡测量氧传感器输出信号波形,波形应如图 5-47 所示。

该波形特点:在 0.1~0.9V 之间不断变化,且最大值不超过 0.9V,最小值不低于 0.1V。如实测波形与此波形不符,则传感器有故障。

3)氧化钛式氧传感器

(1)氧化钛式氧传感器电路图如图 5-45 所示。

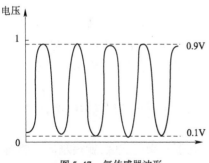

图 5-47　氧传感器波形

ECU 给传感器提供 5V 参考电压,蓄电池通过点火开关给传感器提供加热电源电压。

（2）氧化钛式氧传感器的检测

①检测加热器电阻:应符合维修手册标准。

②检测供电电压:打开点火开关,信号电压应为蓄电池电压。

③检测氧传感器电阻:发动机运转值正常温度,然后反复踩加速踏板,并用万用表电压挡测量氧传感器输出信号电压,应在 0.2～1.2V 之间变化。(万用表量程选择为 2V)

7. 其他说明

一般车辆安有两个氧传感器,如图 5-40 所示,分别在三元催化器前、后各安装一个。前氧传感器的作用是检测发动机不同工况的空燃比,同时 ECU 根据该信号调整喷油量和计算点火时间。后氧传感器的主要作用是检测三元催化器的工作性能,即催化器的转化率。

ECU 通过对前后氧传感器的信号进行对比,可以监测三元催化反应器的工作。可通过示波器检测前后氧传感器的信号,如图 5-48、图 5-49 所示。

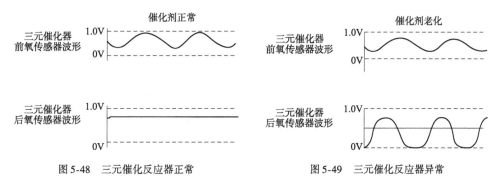

图 5-48　三元催化反应器正常　　　图 5-49　三元催化反应器异常

前后氧传感器输出信号波形差异较大,是因为两个氧传感器之间的三元催化反应器对尾气进行了处理,导致尾气中氧含量变化;后氧传感器与前氧传感器信号不一致,说明三元催化反应器正常工作。

前后氧传感器输出信号波形差异较小,是因为两个氧传感器间的三元催化反应器对尾气没有进行处理,或处理效果小,导致尾气中氧含量基本没有变化;后氧传感器与前氧传感器信号基本一致,说明三元催化反应器已损坏。

附表 电控发动机故障诊断作业记录表

车 辆 基 本 信 息　　　　　　　　　　　　附表1

车辆信息	整车型号	
	车辆识别代码	
	发动机型号	

电控发动机故障诊断作业记录

附表 2

项　　目	作业记录内容		备注
一、前期准备	1. 防护物品 2. 举升设备 3. 工具 4. 检测仪器 5. 维修资料、手册	□正常　□异常 □正常　□异常 □正常　□异常 □正常　□异常 □正常　□异常	
二、安全检查	1. 燃油 2. 机油 3. 蓄电池电压值： 4. 冷却液 5. 制动液 6. 驻车制动器 7. 车轮挡块	□正常　□异常 □正常　□异常 □正常　□异常 □正常　□异常 □正常　□异常 □正常　□异常 □正常　□异常	
三、仪器连接	1. 仪器确认 2. 诊断接口位置 3. 连接仪器	仪器型号： 描述： 注意事项：	
四、故障现象确认	1. 起动发动机时是否正常： 2. 发动机不同运行状态下工作状况； 急速： 低速： 中速： 高速： 急加速： 急减速： 3. 故障灯状态		
五、故障代码检查	故障代码为：		
六、正确读取数据和清除故障码	1. 与故障码特征相关的动态数据记录 2. 清除故障码 方法为： 3. 确认故障码是否再次出现，并填写结果 □未出现　□出现,故障码为：_____ 原因：		
七、确定故障范围	根据上述检查进行判断并填写可能故障范围 1. 2. 3.		

续上表

项　　目	作业记录内容	备注
八、基本检查	进行外观检查,包括部件安装状态,线路、管路连接等基本状态	
九、部件测试	对被怀疑的部件进行部件测试 1.元器件名称：_____ 2.安装部位：_____ 3.检测：_____	
十、电路测量	元器件线路测量 1.电路图： 2.相关波形： 3.线路测量及结果： 电路图 波形	
十一、故障部位确认和排除	根据上述的所有检测结果,确定故障内容 1.确定的故障是： 2.故障点的排除处理	
十二、维修结果确认	1.维修后故障代码读取,并填写读取结果 2.与原故障码相关的动态数据检查结果 3.维修后的功能确认并填写结果	
十三、现场恢复		

参 考 文 献

[1] 黄靖雄,赖瑞海.汽车发动机电控系统构造与维修.[M].北京:人民交通出版社,2011.
[2] 罗德云.汽车发动机电控系统构造与维修.[M].北京:人民交通出版社,2012.
[3] 本书编写组.机动车维修技术人员从业资格考试指南.[M].北京:人民交通出版社,2013.
[4] 王囤.汽车电控发动机构造与维修(新编版).[M].北京:人民交通出版社,2014.
[5] 汽车维修与保养杂志社.汽车维修案例:专家点评典型故障.[M].北京:人民交通出版社,2014.
[6] 张葵葵.电控发动机原理与检测技术.[M].北京:机械工业出版社,2015.
[7] 翟庭杰.汽车电控发动机原理与故障诊断.[M].北京:机械工业出版社,2015.